世纪流向

林贤治 ／ 著

复旦大学出版社

目 录

1911：潮打危城第一波（节选） *1*
 戊戌维新：一场流产政改 *3*
 新政改革：帝国的绝唱 *13*
 革命：偶然与必然 *21*

五四之魂 *33*
 重新发现历史 *34*
 五四：知识分子的自治运动 *41*
 "若要官，杀人放火受招安" *66*
 价值领域中的诸神斗争 *92*
 思想：地面状态与地下状态 *125*

后文革：一个倒影 *161*

知识分子与精神 *189*

后集权时代：黄昏，还是黎明？ *195*

编后记 *207*

1911：潮打危城第一波（节选）

长梦千年何日醒，睡乡谁遣警钟鸣？

——陈天华

狐狸方去穴，桃偶已登场。

——鲁迅

惊人事业随流水……

——黄兴

谭嗣同　　　　　　谭嗣同狱中遗札

1897年，谭嗣同（左2）等在湖南创办时务学堂。图为当时部分教员合影

戊戌维新：一场流产政改

鸦片战争之后，屈辱的条约签订似乎已经让惯于遗忘的中国人处变不惊。当中国在甲午海战中惨败的消息传出之后，举国上下，仍然无法承受这意外的刺激。日本，在中国人看来不过是东夷小国，中国即使如何战败也不能败在它手上。然而这是事实。而且，日本在谈判桌上显得那么骄纵、贪婪，除了迫使中国开放更多的商埠和支付数倍于前的巨额赔款之外，还得放弃朝鲜的宗主权，割让包括台湾、澎湖列岛和辽东半岛在内的大片领土。中国的"自强"改革已经进行了二十多年，成效在什么地方呢？

最可怕的是，帝国列强接踵而至，掀起争夺租借地的狂潮。德国占领胶州湾，俄国占领旅顺，法国则声称华南和西南属于它的势力范围。一时间，中国书报不断出现"神州陆沉"、"豆剖瓜分"一类字眼。中国人笼罩在一种亡国的焦虑和恐惧之中。

只有当全社会感受到危难将至的时候，思想界才会变得活跃起来。最先觉醒的知识者发现：自强改革已经彻底失败，究其原因，就在于不敢触及现行体制。为此，他们呼吁：必须刻不容缓地进行政治体制改革，否则必至亡国!

其实,有关制度改革的思想,在华的基督教传教士早就宣传过,只是不被注意。到了九十年代,情况有了转机,作为西方的文化掮客,他们提供的西方的非宗教思想以及相关的知识,获得相当大的市场。他们发起成立一个叫作"广学会"的组织,在精英阶层中影响很大。广学会的出版物中,除了论述西方政治、历史及国际时事的相当数量的译著以外,还创办了一份十分流行的报纸《万国公报》,开了报界批评社会的风气。虽然,这些书报未曾直接挑战清政府,但是它的趋向是颠覆性的,饱含激进的内容,为中国的制度改革运送了必需的"军火"。康有为承认,他的变革思想,就是来源于传教士李提摩太和林乐知的著作。

中国的传统学者,总体上是昧于政治的,直到九十年代还耽留在国学的故纸堆中间。有志于改革的是极少数,像冯桂芬、郭嵩焘这样明确主张采用西方的政治制度和教育制度的人物,在清政府中尤其罕见。不过,他们的思想,仍然免不了拖一条儒教的尾巴。曾经为清政府通缉而避居澳门的报人王韬,做过买办的郑观应,还有在香港写作的何启和胡礼垣,由于身份不同,显然思想更为彻底。

他们从政治和道德方面质疑现行政体的合法性,但因此,在庞大的传统势力面前,只好被边缘化。

在中国思想界,最有影响的当是康有为和他的学生梁启超了。比起别的改革派人士,康有为有一个较为完整的思想体系。这位出身于具有理学传统的士大夫家庭的南方学者,从小就以"圣人"自命,要做"帝王师"。他继承今文学派的余绪,重新阐释孔子,所谓"托古改制",目的在于辩护改革的正当性。他解说孔子的"三世"说,据乱世为专制君主制,升平世为君主立宪制,太平世为共和政体制,历史直线发展,最终通往"大同"社会乌托邦。康有为改革思想的核心是保国和保教,思想形式很传统,但是君主立宪作为一个政治纲领,在老祖宗那里是没有的;所以一出台,便显得咄咄逼人。

作为弟子,梁启超的知识视野比康有为更为开阔。这是一个带有政客倾向的狐狸型学者,天生的宣传家。他的被称为富有"魔力"的文字,对于传布康有为的变革思想,发挥了极为出色的作用,但也常常有所超越。不过,对于君主立宪的宣传和履践,梁启超始终忠实于老师的宗旨,不曾改变。

康梁对中国社会的影响,不只是思想方面,主要在于政治行动，而且是集体行动。

中国知识分子有"上书"的癖好。康有为28岁时曾为译事向当时的广州总督张之洞上书，两年后在北京应试时又向皇帝上条陈，请求"变成法"。那结果，当然是石沉大海。甲午战败次年，中国和日本在下关签订屈辱的和约；此时正值北京会试期间，康有为便抓紧机会起草了一份奏折，让1300名士子共同签名，敦促政府拒绝和约，着手改革。这就是有名的"公车上书"。

与此同时，康有为和他的追随者开展变法维新的启蒙工作，所谓"开民智"。办法似乎是模仿传教士的，一个是组织学会，一个是创办报纸。最早建立的学会是北京的强学会，开始活动时有不少中外名人参与，包括像翁同龢、张之洞、刘坤一、李鸿章一类高级官员。强学会主办日报《中外公报》，免费散发，印数最多达9000份。接着在上海设立分会，出版《强学报》，时任南京代理总督的张之洞在经费方面曾经给予有力的支持。

但是，所有这些带有颠覆性的活动，不可能逃过政府当局及其意识形态的监控。1896年，学会报纸均遭取缔。

当康有为的维新运动在京沪受挫之后，开始转移到湖南，长沙随之成为精英集结的中心。

自九十年代起，湖南有两位学者官僚吴大澂和陈宝箴在省内相继主政，湖广总督是改革家张之洞。外交家诗人黄遵宪任湖南盐法道，代理过按察使，他曾是强学会上海分会的会员。还有任湖南学政的江标，到过日本，也曾参加北京的强学会。在这批人物的经营之下，湖南无论是经济、技艺、文化教育，都很有点革新的气象。

1897年秋，时务学堂创立，在上海任《时务报》主笔的梁启超被聘为总教习，《湘学报》主笔唐才常和《仁学》的作者谭嗣同协助他讲课。这些青年激进分子聚集到一起，以西方的知识和思想灌输给学生，还印制禁书《明夷待访录》和《扬州十日记》，向校外秘密传播。

这个时期的梁启超相当激进，当他得悉德国占领胶州之后，甚至向陈宝箴提议，如果必要，湖南应脱离北京中央政府而宣布独立。他表示，如果不能推动改革，唯一办法是以日本萨摩和长州为榜样，同中央政府分离。明治维新就是从萨摩、长州等少数封建领地率先实行变革，然后推及全国的。这种反对中央的自治思想，在当时可谓闻所未闻。

1897年冬，一个颇具规模，被梁启超看作地方议会的组织"南学会"成立。这时，维新的队伍出现分裂，温和派开始对激进派产生畏惧，于是结合社会上的保守势力施与攻击，最后，连地方最高长官也加入了这个阵营。张之洞下令辖下官署和书院停止订阅维新报纸，还特地写信警告湖南官员；陈宝箴奏请朝廷烧毁康有为著作的木板，并且禁止再版；御史向朝廷陈奏，必须以强硬手段对付维新派，还有学者甚至要求将康梁处以死刑。

湖南的维新运动失败了。在一个集权国家里，地方就是地方，中央是不可以挑战的。

1898年，即戊戌年初春，康有为重返北京活动。他再次上书政府，要求变法，意想不到的是，事情的发展非常顺利。一、大气候影响小气候。国际环境且不说，国内民族主义情绪空前高涨，这对统治者来说颇有压力。二、偶然因素，就是关键的人物翁同龢和光绪皇帝本人。

翁同龢是光绪的老师和心腹顾问，倾向改革。他把冯桂芬的《校邠庐抗议》推荐给光绪，引导光绪赞成维新。光绪到后来居然不满足于阅读汉人的著作，包括陈炽、汤震等维新派著作，要跟同文馆的教师学习外语，以便日后直接阅读西著。如此看来，对于有争议的人物康有为，这位年青的皇帝是有兴趣的；加以翁同龢举荐，于是君臣间便有了历史性的会见。

首先，皇帝下令总理衙门安排李鸿章、荣禄和翁同龢等高级官员接见康有为,接着正式宣布变法,突召康有为入宫。首次陛见之后,康有为被赐予总理衙门中的一个特殊位置,并享有直接向皇帝上书言事的特权。

光绪决心大力推行维新活动,从6月11日至9月21日,一百天内接连颁布一百多道上谕,可谓紧锣密鼓。改革的范围除了经济、军事、文化教育之外,还有政府机构包括要害部门在内的调整。教育改革比较大胆,取消了八股文考试,代以时事和实学的策论,实际上是以考试标准改变教学内容,此外就是各种学堂的设立,著名的京师大学堂就是在这时创建的。大刀阔斧的改革当数机构改革了,一批政府衙门被废除,一批官员被黜退,而另外一批激进的青年改革家受到重用,像杨锐、林旭、刘光弟、谭嗣同等被调至军机处任章京,参与审议和制订政策。

为皇帝陛见所鼓舞,康有为又陆续呈上二十多件奏摺,提出各种具体的建议。从公布的变法诏书看,康有为大部分意见都被采纳了,只有政改方面的建议,如颁布宪法和建立国会等被悬置起来。等到9月中,光绪竟然宣布可以讨论政治体制改革问题了。这是值得庆贺的事。然而,就在这时,丧钟轰然响起。

按常理,光绪不会不知道,他根本不是国家的最高决策者。像政改这种大事,怎么可以忘记帘子背后的那位老人的存在呢?无论如何,改革只能限制在让老人感觉到个人权力不被触犯的程度;而且,她的个人权力,是与满朝元老、既得利益者、特权集团的安全感紧密联系在一起的。朝廷大多数高级官员都是由她提擢,大家看到,虽然她早在1889年宣告退休,但是实权仍然掌握在她手中。史家有所谓"后党"和"帝党"的说法,如果"后党"是指以慈禧为核心的保守势力集团也未尝不可,但"帝党"明显被夸大了,严格说来是不存在的。除了后来的一小撮维新狂热分子,在太后仍然炙手可热的情况下,哪一个政客愿意把赌注倒押在光绪那里?何况,光绪帝还有一个王位的正当性问题。同治死后,他并非法定继承人。他是慈禧的外甥,和大行皇帝同辈,按王朝的继承法,皇位不可以在同代人之间传承,只是慈禧出于摄政的需要,才把他置于这个尊荣而尴尬的位置。只要慈禧动一下小指头,他随时都会摔下来。

在专制国家里,军队实质上不是属于国家,而是属于个人的;谁掌握了军队,谁就是胜利者。6月15日,翁同龢在慈禧的压力下被黜退;就在同一天,慈禧的宠臣荣禄被任命为直隶总督,统领华北一带咽喉之地的全部军队。这个时间并非巧合。但是,作为一个极为危险的政治信号,被光绪忽略了。

9月21日,慈禧把光绪软禁了起来。同一天,她宣布重新当权"训政",月底突击发起一场清洗运动。许多康有为的追随者遭到逮捕、监禁、革职和流放,谭嗣同等6位青年维新分子所谓"六君子"被处死,血溅菜市口。康有为本人逃往香港,著作被禁;梁启超流亡海外;光绪帝在此期间所发出的多数关于改革的上谕,一律宣布无效。朝廷同时发布禁令,禁止结社,关闭出版社,下令逮捕上海、汉口和天津的出版人和编辑,禁止就国事上书。

维新运动在血光中结束,史称"百日维新"。

有人分析说,维新派改革所牵涉的面太大,甚至指责说他们不讲策略,操之过急,但这些都不是根本原因。只要是改革,就必然破坏部分阶级、阶层、集团和个人的利益,改变既定的社会关系和政治秩序。就是说,冲突是无法避免的。

改良主义者倡言改革而反对革命,据说改革可以避免暴力和流血。戊戌变法不是很温和的一种方式吗?结果怎样呢?合法性暴力往往为学者所忽略,他们从来不防暴政而防暴民,所以才有了貌似平和其实是为有力者张目的主张。不问国家和制度的性质,就预设了一种"放诸四海而皆准"的社会改良方案，事实上只能是欺人之谈。

关于中国的改革，鲁迅在一次著名的演讲中说道："中国太难改变了，即使搬动一张桌子，改装一个火炉，几乎也要流血；而且即使有了血，也未必一定能搬动，能改装。不是很大的鞭子打在背上，中国自己是不肯动弹的。"

新政改革：帝国的绝唱

已经开启的改革不能不继续进行，尤其是政治体制改革。但是，改革愈往前进行，阻力愈大。自然，保守势力愈是阻碍改革，反抗的力量也就愈强；而且愈往后拖延，付出的代价愈大。

在"百日维新"之后，慈禧以为依靠镇压和权谋两手，就可以抚平政局，恢复稳定，想不到黄河决堤，华北大旱，教案蜂起，拳民闹事，乱象丛生。特别是后者，被山东巡抚尊为"义和团"的大批拳民，打着"扶清灭洋"的口号，进入京津，滥杀传教士和教民，以至使用洋物如纸烟、火柴者以及外国使馆和外交人员都受到严重威胁。清政府不但不加制止，反而大力支持这种"完全民族主义"的行动。当西方列强组成联军，以"保护使馆"的名义兴师问罪时，慈禧竟然决定"向各国宣战"，命令政府军与义和团一起攻打使馆区。结果，八国联军血洗北京，慈禧继前次同咸丰帝一起避难热河之后，再次挟持光绪逃往西安，创下中国统治史上同朝皇帝在外敌面前两度逃离京都的纪录。

据说慈禧为此懊悔不已，因为她缺乏政治判断力而过于听信端亲王和军机大臣刚毅等人的意见。这个昏谬无知

1910年第二次国会请愿代表合影

的家伙,在签订了《辛丑条约》,且应列强"惩办祸首"的要求,杀掉一批随她主战的宠臣之后,为了挽回形象,不得不在天下人面前下了"罪己诏"。

改革的压力随着政治灾难的降临而有所加强。压力不但来自各省督抚,连列强也在促使中国政府进行改革,特别是宪政改革。1901年1月29日,经慈禧指示,皇帝发布"变法"上谕,改革得以重新启动。

戊戌变法是由光绪帝按照康有为的蓝图推动的,而这次新政不同,改革的总设计师换成了慈禧,一个风烛残年的老人。

慈禧在骨子里头是反对改革的,她对西方事物有一种本能的厌恶。所以赞成改革,或者是迫于形势,或者是出于策略的考虑,目的在于转移国内的注意力,尤其在"义和团"事件发生之后。张之洞在一封致一位军机大臣的电报中透露玄机:"嗣闻人言,内意不愿多言西法,尊电亦言'勿袭西法皮毛,免遗口实'等语,不觉废然长叹:若果如此,'变法'二字尚未对题,仍是无用,中国终归澌灭矣!"由此可见,这种形式主义的改革很难产生实质性的成果。

清王朝的最后十年,在教育、军事、经济文化方面,比起自强运动和戊戌维新阶段毕竟有了相当的进步。美国学者卡梅伦把新政改革的上谕称为"改革运动宪章",任达则称新政为"革命",甚至说,晚清改革所发生的转变,"无论在速度、范围和持久性方面,是直到当时为止的近代世界史上所无与伦比的"。仔细分析,未免言过其实。

改革的波及面确实比较广,但是流于肤浅,无法深入。由于政治体制改革未及同步进行,来自不同范围的改革难免互相牵制。尽管改革的项目不少,其实大半是洋务运动时代的扩大或顺延。按照海外学者徐中约的说法,新政最大的成绩只此三项:废除科举、建立现代学校、派学生出国。此外,当然也还可以列举一些,比如官制改革、军事制度的改革、新兴城市改革,其中包括裁撤冗衙,组建新军、建立警察制度等。不过,应当看到,所有这些都是直接出于一般统治者减负维稳方面的考虑,目的在强化国家机器,扩大国家权力,而非出于社会改造的根本性规划。

就拿徐中约所说的三项来说,数字是可观的。从1905年到1909年,官办学堂从3605所增到14301所,公办学堂由393所增至32254所,私人所办学堂由224所扩至5793所;课目新增中外历史、地理、外语以及其他自然科学如数学、理化等。1900年以前，留日学生仅几十人，1904年已近2000人。但是，在数字背后，清政府的"看不见的手"却无处不在操纵和遏制。新学堂既废了科举，还要举行祭孔，还要朗读和讲授"四书五经"；礼堂课室都要贴上雍正皇帝的《圣谕广训》，作为基本原则，规定齐声朗诵，而且被用作教官话的课文。1902年，政府派遣一位专事监督的官员到日本，禁止留学生议政，不准出版涉及政治的报刊，或有破坏国内社会稳定的行为，甚至要求日本方面协助监管。1906年还拟定了一项决议，要求派至日本留学必须是精通"国学"经典的学生。科举制废除后，学堂仍可授予毕业生以相应的进士、举人和生员的学衔。这些毕业生，包括留学生，优先进入政府公务员队伍并占有重要职位，代替传统的有功名者。正如1904年皇帝钦批的《奏定学堂章程》所说的那样，新制度的目的在于培养接班人，即"尊崇孔教，爱戴大清国"的人。

表面上看来，政府很重视政改。新政的上谕一下来，随即创立政务处，收集并审查官员关于政改及行政管理的意见。1905年12月，派出以载泽为首的五位大臣出洋，分别到日本和欧美考察，回国后立即汇报，研究，讨论，还成立了考察政治馆，决定采取立宪政体，并开始宪政的准备工作。其实，一直拖到1908年8月，才出台宪政计划；

按计划,还要等到9年(即1916年)以后才能颁布宪法,召开国会。

这就是任达所说的"持久性"。

在《伟大的中国革命》一书中,美国汉学家费正清否定清政府的"中国的开放"的观点。他认为,这不是开放,而是让步。他提到早期的东突厥斯坦同浩罕的协议,是一种驯服蛮族的操演,即拿地方性的经济让步换取边境的稳定。而1842年至1843年同英国签订鸦片战争的协议,与此是十分相似的,无非是把内陆的经验应用于沿海地区而已。他指出,归根结底,满族统治者是把他们的王朝利益放在首位的。后来的改革,其实也一样,只是修复、填补已然毁损的政治机制,而不是致力于改变制度的基本架构。另一位美国汉学家魏斐德设想,如果中国不是内战,以及后来与西方关系的急剧恶化,像李鸿章等的军队和江南制造局之类,统统都要解散。

中国历史不同于西方历史,或者说,中国改革难于仿制西方的制度,就因为"百代都行秦政制";甚至更早的时候,就已经发展出了一种中央高度集权的政治体系。它的完善、成熟的程度,致使任何改革都近乎儿戏,无法从统一性中衍生出多元的观念和制度来。晚清的改革更是如此。它是从鸦片战争和太平天国以后出现地方分权趋势时才开始发动的,因此,在改革中收回政治军事权力并加以强化,也就成了势所必至的事。

中央的权力,从最高统治者到政府大员,所有权力都是由继承、封赐和垄断得来,如何可能做到为民所用?集权而非分权,甚至没有"民权"的立足之地,叫什么改革呢?像张之洞这样的改革家,居然说"民权之说,无一益而有百害",而督抚也都一致取反对的态度。对于这样的改革,无怪乎当时有日报批评说:"庚子以来,迭诏维新……而外则言词奋发,内则腐败更甚;名则革旧趋新,实则顽持而已。"

武昌起义

革命：偶然与必然

1867年7月21日，曾国藩和幕僚赵烈文闲聊，预测清王朝可以维持多久，结论是：50年。赵烈文的理由是，天下治安一统的时间太长，至今没有分裂，是因为风气未开；但只要"抽心一烂"，势必成"土崩瓦解之局"。想不到一语成谶。

帝国的专制，既支撑了它也破坏了它。与其说它的灭亡，是因为革命党势力的雄厚或行为的激烈，不如归因于它的腐朽。尤其是改革之后，它培植了新兴的敌对力量并使之壮大，却在多头的冲突中加速了自身的衰败，而革命党仅是一个方面而已。一个专制政体，一旦失去对社会的控制能力，可以肯定，是到了完结的时候了。

在革命党内部，一直就起义的地点争论不已。黄兴主张把地点选在华中地区，孙中山则一直选择南方，主要在广东。然而，3月的黄花岗之役，同从前多次起义一样以失败告终，而且牺牲了大批干部，损失惨重。政府从湖北调兵入川使形势陡然变得严峻起来，革命派希望乘机举事；在香港的黄兴则希望准备充分，在十月底联合几省同时起义。

10月9日，隐藏在汉口俄租界的革命指挥部内，一枚自制炸弹意外爆炸，改变了一切计划。

巡捕闻声出动，突击搜查，逮捕了几十名革命分子，查获一批武器弹药以及重要文件，其中包括投向革命的新军人员名单。情况危急，新军工程营的熊秉坤纠集军中同志，倡议即时发难。10日，工程营率先攻打楚望台，占领军械局，炮兵营从城外进入，联合向总督衙门发起进攻。总督瑞澂与新军统制张彪，以及大小官吏弃城逃走，起义新军几乎没有遭遇任何抵抗，中午便完全控制了武昌。汉阳、汉口，也随即被革命军占领。

革命就这么简单。

杰里米·布莱彻指出："事实上，革命运动很少始于一种革命性的意图；革命意图完全是在斗争中发展起来的。"温德尔·菲力浦斯持同样的看法，他说："革命不是制造出来的，而是自然发生的。"

偶然出于必然。武昌起义所以成功，确实存在一些特殊的条件，比如当地革命党人特别活跃，新军也有较高的觉悟；当时调兵入川，城内空虚，也不能不是一个原因。或者如孙中山分析所说："主因则在瑞澂一逃"，因为以革命军的实力，仍然不足为敌。但是，应当承认，革命的时机已经成熟。

　　首先，革命是一种需要，也是一种权利。当政府被动的改革不能转变为主动的改革，当改革不断增加阻力或竟至于完全受阻，这时，置换政府就成了一种必要，以确保社会改革的继续进行。按照洛克、卢梭等人的学说，没有哪个政府有绝对的代表性，它能不能代表人民，是由人民来确定的。人民才是国家主权的拥有者，它完全可以根据自身的需要，与过去的压迫实行决裂，并努力缔造一个压迫较轻的未来。摩尔特别强调这种"政治正义"，他说："只要强大的既得利益阻碍着世界向着压迫逐渐递减的方向演变，革命的强制思想就是必需的。然而，这只是一种最终的需要，是最后一次诉诸政治行动。"在辛亥革命前，有过许许多多的政治行动，从维新变法到谘议局的联合请愿，包括保路运动，但所有这些改良主义者的温和行动，在已经变得如此虚弱无力的政府面前竟然没有可能实现。以人民忍耐的程度，政府毕竟有相当一段时间调整改革的步子；就是说，人民曾经给予它以许多保存和修复自己的机会，但是都被它一一抛弃了。历史不能永远耽留在老地方，人民容受的时间不可能无限延长，当和平改革的时机一旦丧失，革命就要到来。所以说，革命是最终的。

　　在美国政治学者蒂利看来，无论是社会运动还是革命，集体行动在发生和发展的过程中都存在着相似的因果机制，这些机制是社会抗争的动力，它们依据发生时的初始条件、结合方式和发生次序而产生出不同的累积性结果。所以，革命是无法设计的，因而也无可预测。极力装扮得客观公允、温良可爱的学者断言改良优于革命，确认革命必然导致极权恐怖而主张"告别"，倒是偏执得可以。

一般来说，学者不谴责合法性暴力，对于革命暴力则深恶痛绝。除了杀人犯、狂人、变态者，相信不会有人喜欢暴力，但暴力在革命中确是难以避免的。蒂利坚持认为，集体暴力事件只不过是群体权力竞争和目标冲突在正常进程中的副产品。就是说，革命暴力只是集体行动中的一种可能。至于是否发生，或强或弱，都由运动中各种势力的角力关系所决定。以武昌起义为标志的辛亥革命，倘若从暴力的角度看，简直是一场纸扎的战斗，火光一闪就结束了。

在论及革命的必然性时，美国学者布莱克的态度与我们的学者很两样。他说："传统政治体系绝不会以立宪方式为最初的改革做好准备，领导的变更意味着传统政治寡头的失势，因而不可能没有暴力而实现。"他指出，由于现行政府当权派已为自己的利益所规定，因此如果不是出于胁迫,他们就不会放弃自己的权力。从传统领导向现代领导的转变,通常是一个疾风暴雨式的过程。对于革命的世界性,他作了这样的描述:"从十七世纪到十九世纪,大不列颠、法兰西、美利坚、德意志、意大利都饱受大革命和内战的重创,我们没有理由相信,后来建设现代化的国家将能够避免暴力。"

二十世纪、二十一世纪的革命,为布莱克的论断继续提供事实的证明。

革命军攻下武昌之后,这才发现没有领袖。在关键时刻,起义的头目熊秉坤和吴兆麟把领导位置让了出来,推举清军协统黎元洪担任军政府大都督,湖北省咨议局议长汤化龙为军政府的民政部长,负责行政工作。这样,革命首义造就了由立宪党人参加并领导革命的第一个样板。

黎元洪所以被推举出来,无非因为他是汉人,在武汉军中略有一点名气而已。革命的士兵们需要一个权威。当他们把他从藏匿的内室里领出来以后,他还劝告他们在政府援军到来之前赶快收兵回营。众人把他架到咨议局,在那里以他的名义组织政府和发表宣言。但是,拖了两天,他仍然不答应对他的任命。在那两天里,他一直留着辫子。他在一封私人书信中坦陈出任都督的经过时说:"洪换便衣匿室后,当被索执,责以大义。其时枪炮环列,万一不从,立即身首异处。洪只得权为应允。"就是这样一个头脑老旧的军人,居然成了革命政府中的领袖人物。

50天内,先后共有14个省和上海一地脱离清朝统治,宣告独立。

革命摧枯拉朽。革命成为一种时尚。但因此,旧制度的许多事物也就在匆匆走过场的革命运动中得以保存起来。对于辛亥革命,鲁迅在小说《阿Q正传》中有过出色的叙述——

革命起来之后,举人老爷连夜到未庄避难。谣言很旺盛,关于革命党,有的说是同一夜进了城,个个白盔白甲:穿着崇正皇帝的素。赤贫的流浪汉阿Q明显地受了刺激,决计投降革命党。他大喊"造反",说"我要什么就是什么,我欢喜谁就是谁"。如此占有一切的造反宣言颇具威慑力,未庄中最受尊敬的赵太爷改称他"老Q",儿子称他"Q哥",连管土谷祠的老头子也意外地和气,请他喝茶。赵秀才消息灵,知道革命党已在夜间进城,便盘上辫子,一早去拜访从来不相往来的钱家"假洋鬼子"。据说是"咸与维新"的时候了,所以彼此谈得很投机,立刻成了情投意合的同志,相约一起把静修庵里的一块"皇帝万岁万万岁"的龙牌革掉,就算加入了革命。但是,据传来的消息,知道革命党虽然进了城,仍还没有什么大异样。知县大老爷也做了什么官,带兵的也还是先前的老把总。某日,因为赵家失窃,跟案子毫无关系的阿Q竟被当成罪犯,被新近做了革命党的把总抓去枪毙了。

美国历史学家杜赞奇高度评价介于历史与文学之间的《阿Q正传》,指出这部小说"对1911年辛亥革命的分析,无人匹敌"。在小说中,鲁迅把辛亥革命讲述成为一个失败的民族性的寓言。

作为一个从西方移植过来的观念,革命观念基本上停留在"观念人",即新知识分子那里,却无法深入下层,尤其是农村,在农民那里产生影响,以驱走祖先世代相传的王权崇拜思想。思想启蒙需要时间,需要社会运动的推进。西欧有文艺复兴、宗教改革、启蒙运动,几百年都在做思想启蒙工作,从知识分子到社会,动作很大。而在中国,从辛亥革命可以看到,准备是十分仓促的。阿Q们只懂得"造反",不懂得"革命"。即使后来作为"补课"而出现的五四新文化运动,也没有能够把这种由英、美、法等国的革命所凸显的自由、民主、人权等普世价值深入到平民,特别是农民中去。而且,五四时期传入俄国革命,那已经是另一个类型的革命的源头了。

农民问题毕竟是中国社会的核心问题。对阿Q们来说，只要革命是外在于他们的生存及意识的一种戏剧，让他们充当"牺牲"或"看客"，这样的革命就只能是"换汤不换药"的革命，半吊子革命。

中国并不存在西欧那样的市民社会，即使士绅和商人接受了不少西方的知识和观念，也仍然无改于作为社会上的特权阶级的身份。他们与旧制度有着太深的联系，和底层的利益并不一致，根本没有革命的要求；他们主张立宪，就是为了避免革命，通过温和的博弈，以获取更多的特权，而不是改变社会的基本形态。当革命不期而至，正好作出拟态，拥护革命，投革命之机。

于是，革命只余知识分子的先觉队伍。参加革命的会党分子破坏有余而建设不足；具有革命意识的新军数量很少，而且很不稳定，在失去广大的社会物质力量的支援的情况下，革命只能走向溃败。

湖北的经验在一定程度上被复制。江苏巡抚程德全在原抚署大门前挂起"都督府"的旗子，便改称了都督。许多地方士绅和旧官僚自己组织县政府，推选官员，都没有和武汉或南京的革命政府联络。革命开始以后，同盟会主张起义各地设立安民局，指定由地方士绅充任顾问；军事用票发行局的监查员也由最大的捐助者或债权人担任，这就为立宪派人士进入革命政权打开了大门。至于省级咨议局的议长如江苏的张謇、四川的蒲殿俊、湖南的谭延闿等人,都在新成立的政府里占据了重要位置。这些人不但拥有地方势力,而且互通声气,联络天下,能量很大。他们都是投机主义者,正如张謇拍电报给袁世凯所说的"潮流所趋,莫可如何";加入革命政权,不过是一种政治"伪雅"行为,本质上是旧制度的代表者。

革命党骨干基本上由留学知识分子构成,在地方上缺乏民众基础,也缺少行政工作经验。当然,当时最迫切的问题也还不是民生问题,而是军政问题。诸如清帝退位的条件,新首都的选址、总统制或内阁制,还有宪法、国会和联邦制等许多问题,都迫切需要讨论解决。但是,他们中有人无视阶级力量的对比,不负责任地发表各种政见和主张,如章太炎提出"革命军起,革命党消",其实革命党的革命目的远未实现。在处于强大的反革命势力包围的情况下,革命党存在着一个如何转型,以应对新的政治局势的问题,而不是率先自我取消。章太炎宣扬取消革命党,而他又与立宪派人士另行组党,实际上,这是一种近于背叛的行为。同盟会内部原本带有地域主义色彩,往往各行其是,难以整合。就拿久经考验的领袖孙中山来说,光复会的人也并不支持他,甚至反对他。他的"三民主义",在同志中得不到如他所期待的那种理解和回应,原定的革命方略也遭到弃置。许倬云称在中国的社会结构中,他是一个"边缘人物",应当是有根据的。

即便如此,孙中山仍然具有相当大的号召力。1911年12月25日,他从欧美返回上海,4天后,即由革命党人组成的17省代表推选为中华民国临时大总统。1912年1月1日,中华民国临时政府在南京正式成立。

与此同时,清政府任命袁世凯为总理大臣。这个权欲熏心、老谋深算的人物,深谙时势变易,一边组建内阁和加强军事,一边遣使与革命党人和谈。立宪派人物张謇等与袁世凯早有往来,自然拥戴袁世凯;不可思议的是,大多数革命党人居然也认为袁世凯是可以接受的。在孙中山回国之前,已经有舆论表示:只要袁世凯保证支持民国,迫使清帝退位,就可以担任总统。孙中山对袁世凯是不信任的,也不主张妥协,但是可能考虑到革命党人精神的涣散,内部意见的不一致,以及军事实力种种,他最终表示,如果袁世凯可以避免内战,权力可以和平转移。

2月12日,袁世凯宣布清帝正式退位,同时宣誓拥护共和,"永不使君主政体再行于中国"。次日,孙中山辞去临时大总统,推荐袁世凯继任,但提出三项要求:

一，都城仍设在南京；二，袁世凯来南京就职；三，袁世凯必须遵守即将制订的《临时约法》，试图以此限制袁世凯。

然而，一切努力无济于事。在独裁者和野心家面前，宪法不过是一纸空文；不出两个月，中华民国迁都北京。

五四运动中,北京学生游行

走上街头的学生队伍

五四之魂

> 起来！让我们把精神从这些妥协、这些可耻的联盟以及这些变相的奴役中解放出来！精神不是任何人的仆从。我们才是精神的仆从。我们没有别的主人。我们生存着是为了传播它的光明，捍卫它的光明，把人类一切迷途的人们集合在它周围。
>
> ——罗曼·罗兰等《精神独立宣言》

> 没有暴风雨，将会是一个多么污浊的天空！
>
> ——齐美尔

重新发现历史

密芝勒在《人民》的开篇写道:"谁把思想局限于现在,谁就不能了解当今的现实。"

伟大的时代是具有历史感的。惟有平庸的时代,人们才会只顾眼前的事务,像猪狗一样,为有限的施予感到幸福,从来不曾想到把目光从食槽旁边移开,投向栅栏之外那延绵无尽的森林和原野。如果没有历史,我们在现实中将找不到判断事物的标准,以及通往未来的坐标;我们无法走动,更不会想到飞翔。如果没有历史,我们既意识不到自身的能力,也意识不到自身的局限。是历史照亮了我们,驱赶着、鼓舞着我们;如果没有历史,我们的全部生活将失去意义。历史以其固有的"相对论"原理,通过现存,从另一维度接连人类的未来。

然而,历史的轮廓未必是清晰的。有时候,它显得异常神秘,恍如海市蜃楼;有时候很曲折,天梯石栈,云翳重重;有时候则为大手所倾覆,全然不见形迹,有如火山灰下深埋的庞贝城。许许多多的人物、事件,关键性时刻,彼此错综的关系,都期待着我们用实证的方法逐一加以钩稽。当历史事实变得相当彰显的时候,我们竟发现:它仍然无法识辨。尤其难以置信的是,愈是明白的事物,往往愈见隐晦。历史是可分解的。它的任何局部,都存在着两大元素:现象和精神。现象是外在的,孤离的,纯粹属于过去的;精神则居于深部,具有历史的主体性,主动性,呈弥漫、流动的状态,而富于凝聚力,所以能够赋予诸多现象以整合的能力,并使之复活,带上各自的形象和意义,走出封闭的时间。

历史是精神的历史,是精神对于人类集体记忆的再发现。由于精神的介入,历史才是真正可理解的。精神的指向、质量、深入的程度不同,我们回顾时所目及的一切便有了不同的价值。可以肯定,那些不断地为人们提及的历史断片,都有着相当丰富的精神含量,闪耀着启示之光。即以"文革"结束以后的二十年为例。"焚书坑儒"成为利用率最高的典故,就因为事关知识和知识分子;政治文化专制主义并不局限于秦王朝,没有随同祖龙之死而进入骊山墓。近世的"太平天国",作为几千年中国农民造反的大结穴,其令人触目惊心之处在于:鼎盛的"天朝"毁于一旦,并非来自官方敌对势力的打击,而是因为内部的特权阶层的存在,大一统思想,控制欲,享受欲,以及与此相关的激烈的权力斗争。这个戏剧性事变,在七十年代末,同时成为多部长篇小说的题材。"戊戌变法"以血的事实,揭示中国政治体制改革的必然命运,因此,引起知识界的广泛关注和探讨的热情决非出于偶然。正是这样一种历史精神，贯通了如此众多的不相连属的人物故事，使之成为现存世界的组成部分。

在二十世纪，具有重大开发和利用价值的历史事件，大约当首推五四新文化运动了。

其实，把五四说成是"事件"并不十分确切。这是一个短时段，惟凭一群知识者的努力，累积了巨大的精神能源。在中国，从颠顶的官僚到中学生，从愚鲁的武人到遍身油污的工人，很少有人不知道"五四"这名目，可是对它的意义，则普遍缺乏了解的兴趣。他们也许会从因循的教科书或报刊那里得知游行示威的情节，把汹涌的人潮和赵家楼的火光，当做狂欢节的象征。实际上，这是新文化启蒙运动濒临结束的信号，甚至无妨视作一场提前举行的悲壮的葬礼。他们不知道，未曾经过充分的理性启蒙的革命，潜伏着怎样的危机；不知道现代知识分子出师未捷而中途败绩，在多大程度上影响着中国现代化的进程；他们不知道，目下匮乏的，正是当年的运动所竭力争取的；不知道八十年来，几代人的命运竟会如此交叠扭结在一起！

五四新文化运动是知识分子的"创世纪"。可是，他们全面背叛民族文化传统的英雄主义行为，并没有得到赓续；新的价值观念体系未及形成，就遭到毁灭性的打击。这种悲剧性的结局，甚至整个的过程结构，包括它的意义所在，长期蒙受障蔽。比如，作为运动的主体是知识分子的自由集合体，自组织，自生长；在政治家的眼中，则明确地被置于党派的领导之下。生机勃勃的思想革命，完全成了政治－经济的被动的反映，成了世界革命的一部分。其实，无论是国民党人或是前共产主义者，当时都不可能左右运动，相反只能服从运动自身的独立指向。而这，正是现代中国第一代知识分子的骄傲。起源于中国民族文化深部的危机，新文化运动就其性质而言，是一次启蒙运动，是反对专制主义和蒙昧主义的叛逆性行动，而不是单纯的反帝爱国运动。把它看作爱国主义运动，仅只符合后期政治性转向的表征，而无视于运动的全过程，完全抽掉了其中个人主义和自由主义的内容，抹杀了世界主义也即"现代性"这一根本特性，而把民族主义、国家主义、集体主义、权威主义推到神圣的地位。启蒙运动的对象是广大国民，主要是劳工大众，结果启蒙主义者知识分子成了革命改造的对象。当年的知识者高叫"到民间去"的口号，满怀热忱，到处播撒盗来的火种；到了后来，却带着洗刷不清的"原罪"，"与工农大众相结合"。作为一个具有自己的生产方式和职业特点的独立的阶级，被人为地削减为"阶层",作为"毛"而依附在被指定的"皮"上面。由于启蒙的先驱者们立足于社会的改造,不曾为权力者准备种种治国平天下的方案,因此表面看起来,好像他们都是一群梦想家,并不存在确定的斗争目标。其实,他们把所有一切都写到旗帜上去了,那就是:民主,科学,自由,人权。他们希望中国能够成为一个没有压迫和奴役的国度,真正的人的国度,并且为此奔走呼号;然而不出几年,竟意想不到地陷身于国民党"一党专政","以党治国"的黑暗王国里了。

关于五四,长期以来存在着两个阐释系统:一个是政治的,或者称作政治家的;一个是文化的,也可称作知识分子的自我阐释。在前一个系统里,五四知识分子的作用,明显地被缩小为"先锋"作用,而不是主体的作用;由此出发,知识分子在整个社会变革进程中所应担负,而实际上也完全有能力担负的启蒙-批判-文化建设的角色,就给否定掉了。至于后一个系统,知识分子往往过于自轻自贱;及至九十年代,有少数以权威自居的学者,相率发起对五四的启蒙性和战斗性的攻击。至此,两个系统便合而为一了。

五四表面上轰轰烈烈,纪念起来好像也颇热热闹闹,事实上运动早已经完结。说它完结，并非因为时过境迁，也并非因为政治势力对思想文化领域的入侵，而在于知识分子或者被逼，或者主动地放弃了自身的权利和责任。

历史的复活，有待精神的觉醒。这精神，不属于"历史客体"，它植根于当代人的每一个个体中间，且为他们的生存状态所决定。不同时代的人们，如果都为同一种精神所唤醒，所激发，给历史划界将会变得多余，当代舞台会因此而获得大幅度的扩展，人类谋求自由民主与科学的斗争，前前后后也就有了热烈而深长的呼应。

陈独秀与《新青年》

五四：知识分子的自治运动

二十世纪是一个伟大的起始。

其实，早在十九世纪下半叶开始，中国的现代化运动就已经艰难地挪动它的脚步了。改革是被迫进行的。清政府官员在"内乱"面前，犹能做"中华大帝国"的酣梦，直到洋炮的轰鸣从南方海岸传来，震撼了宫廷的座椅，这才下决心"师夷之长技以制夷"。先是做军火买卖，接着开矿山，修铁路，废科举，兴学堂，派遣留学生出国，以及官员出洋考察，等等。马克思描述说："与外界完全隔绝曾是保存旧中国的首要条件，而当这种隔绝状态在英国的努力之下被暴力所打破的时候，接踵而来的必然是解体的过程，正如小心保存在密闭棺木里的木乃伊一接触新鲜空气便必然解体一样。"解体太缓慢了。这种速度，不但不能满足少数先觉者的期待，而且实际上，也不可能使中国免受挨打的耻辱与覆亡的危险，这样，政治体制的改革便成了迫在眉睫的事情。然而，最高统治者对于死亡异常敏感。在大独裁者长期垂帘听政的慈禧看来，政改如同玩火，其结局只能加速以其个人为中心的权势集团的崩溃，于是及时地把光绪帝及其政改计划给扼杀了。"百日维新"的悲剧，堵死了和平改革的道路。所有曾经为改革的浪潮所感召的人们，开始强烈地意识到：依靠目前的政府，是不可能把改革有效地进行下去的。正是这个专制腐败的政府，成了外国强权利益的保护者，成了民族独立、自由和进步的死敌。这时，法国大革命的电火，穿过时空的密云迅速来到东方，在日本东京的留学生群中开始酝酿暴风雨。

革命势在必行。武昌城头枪声乍起，全国随之易帜。一个为转战数年、席卷了大半个中国的太平军所无法推翻的政府，顷刻之间，居然结束在一场纸扎般的战斗里了。胜利的欢乐十分短暂。革命党人开始蜕变，从中央到地方，各级政府依然为旧势力所把持，然而一律换了"革命"的招牌。袁世凯称帝是其间的一个带有代表性的事件，虽然不成功，却使温和的共和主义实验严重受挫。革命党领袖孙中山不得不再度组党，而专制军人则利用袁世凯死后的权力真空，极力发展私人势力，以致争城夺池，战乱频仍。人们在绝望中发现：革命前，他们是奴隶，革命后一样是奴隶；所谓革命，不过是一个幻象而已。

几千年的封建帝国，犹如一头巨兽，头被砍断了，庞大的躯体不但不见腐烂，而且依旧完好无损地活着。这是极其可怕的。事实证明，肤浅的政治改革无济于事，必须有一个普遍深入的思想文化运动，启发国民的"最后的觉悟",以促进社会的根本性改造。这个启蒙教育的使命,历史地落在中国第一代知识分子的身上。

"知识分子"一词,于二十年代末才开始在五四的继承者中使用。在整个新文化运动期间,启蒙的先驱者都不曾找到合适的名词为自己命名。五四则为其开出了一张"明确的出生证"。就像这新式名词一样,这批人物,获得了为中国传统士人所不具备的新型品格。他们大抵出身于绅士阶级家庭,有着相当一致的经历:进私塾,也入学堂,然后出洋留学;既熟读经书,也通晓西学,这样完整的知识结构,在国外的知识分子群体中也是罕有的。所以,他们会变得那般的胸怀博大,视野开阔,气质不凡。与此同时,东西方文化的差异性,又带给他们以内在的分裂性质:随着斗争环境的展开,而易于趋向对传统的偏离和决裂。作为西方观念的传输者,康有为、梁启超、严复等清末民初的一代,确也显得非常大胆开放,但正如美国学者许华茨所说,他们"就其个人文化而言,都是颇为惬意地深居于传统文化之中"。

科举制度的废除,切断了知识者与权力社会的联系,甚至使他们失去了身份的依据。他们成了名符其实的自由职业者。这种不再需要官方认同和缺乏物质保障的生存状态，加强了他们与社会的亲和力。这时，众多教育机构——其中主要是大学——为他们提供了新的生活空间，新的同一性；报纸杂志蜂起，据胡适保守的说法，1919年就涌现了四百种报刊；出版业随之有了很大的发展。教授、学者、编辑、记者、文艺家、翻译家，在短短几年内，知识分子的人数剧增；青年学生作为一种后援力量，环绕在他们周围。他们可以独立地说话了。新文化运动的领导者和参与者都非常清醒地知道他们的身份，他们不属于任何政治派别，因此不但与权力者对立，而且自觉疏离和力图摆脱以军事组织为基础的革命势力，坚持批判的精神和与政府相反的立场，以慷慨赴难般的热情，致力于破坏上等社会以护卫下等社会，传播自由、民主、科学，新人类解放的知识、观念和种种信息。

五四一代知识分子的最大幸运，在于没有一个独裁而强硬的政府。民元以后，北京政权先后换过好几批人物，然而都因为立足未稳，而无暇或者无力顾及知识分子的存在。这样，他们仿佛生来就拥有言论、出版和结社的自由——人类最重要也是最基本的自由权利。这些权利有没有写到宪法上并不重要——在一个专制国度里，"法治"往往更糟，因为其立法的精神永远是敌视而不是确保自由的生存——重要的是实践的可能性；由于权力松弛，也就给思想在中国的传播造就了千载难逢的有利机会。从1919年起，新文化运动通过一本期刊和一所大学——陈独秀的《新青年》和蔡元培的北京大学——在全国迅速形成一个山鸣谷应、风起云涌的局面。这是一个探索的时代，争鸣的时代。哪里有知识分子，哪里就有他们的社团，有他们的报刊，有他们的各种各样的讨论。这些知识分子团体既是职业性的团体，更是精神性的团体；虽然散布很广，却为共同担负的变革的使命和崇仰的西方现代观念连结到一起。这种状况，颇有些类似法国历史学家科尚在论述雅各宾主义时使用的概念："思想协会"。什么叫"思想协会"呢？这是一种社会化的形式，并非组织严密的存在实体，因此它不牵涉每个成员的具体利益，这些成员的聚合只是与观念有关。在这里，"思想协会"不包含科尚说的有关民主政体方面的内容，它所呈现的是成员的松散的一致性。正是这种一致性，显示了五四知识分子集体作战的"团队精神"。

1919年三月，法国发表了以罗曼·罗兰为首的世界多个国家的知识分子代表人物共同签名的《精神独立宣言》。他们对知识分子放弃独立思想的权利和能力，屈服于武力，为了政治、党派、民族和阶级的利益而参加罪恶的战争，作出严正的批判。这个宣言被译成中文，于年底和《新青年杂志宣言》一同发表，表明了五四知识分子强烈的集团意识和独立自治的精神。他们高扬现代理性批判的旗帜，努力通过由他们自己发动和领导的思想文化革命，促使"党派运动"向"社会运动"转化。在运动中，他们表现出了高度的团体认同感。早在章太炎因反对袁世凯被囚的时候，他的学生，一群出色的知识者多次探访他。为此，北大文科学长朱希祖辞职以示抗议，黄侃拒绝接受袁世凯的金钱收买；为了抗议袁世凯坚持帝制，马叙伦辞去教职，胡仁源也递交了辞呈。在蔡元培愤于北洋军阀的政治压力而辞职赴津时，北京多所大学的校长教授也都纷纷辞职，以此要胁政府，支持蔡元培。当陈独秀被释出狱，胡适、李大钊、刘半农等人以此为专题，在《新青年》杂志集中刊发了一组白话诗，包括陈独秀的答诗，以示庆祝之意，并抗议权威。这种一致抗议的精神，就是知识分子精神。

但是，作为"思想协会"，中国的五四成员并没有因为"社会的"意识形态的幻觉而放弃个人的自由意志。德国学者迈纳克在论述历史时，有一段话，用来概括五四新文化运动的这个方面应当是恰当的。他说："震撼世界的划时代事件，总的倾向或思想，以及活跃的人物都前后呼应，呵成一气，形成一个单一的和强大的过程。这种过程由于构成它的个人动机的充实内容,也就排除了一切概念化的抽象形式,然而却使我们都懂得,它是一个仍然具有个性联合体的、无穷无尽的丰富的生命潮流。"

与意大利文艺复兴运动比较,被胡适称作"中国的文艺复兴"的五四新文化运动不曾像前者那样恢复往昔的光辉。运动的先驱者发现,中国古代文化遗产乏善可陈,没有什么值得继承和营救的东西。与欧洲大陆的启蒙思想家如卢梭、伏尔泰、狄德罗、康德相比,他们没有那种由基督教培养的坚定的信仰,和活在希腊传统中的健全的理性,而他们,只是一批西方化的人,只能从遥远的异邦习得和植入所有一切,以代替传统陈腐的宇宙观,和诸多大而无当或者繁琐无用的教条。从文艺复兴到宗教改革和启蒙运动,思想传统在西方是自然演进的;而在中国,各种思想观念的引进和确立,都是一种人为的"社会工程"。正因为他们对于现代化具有很强的自我意识,所以会那般无情地抛弃旧传统,虽则挽救中国的民族情结是那般牢固。这种矛盾而又决绝的二元态度,同时反映在同西方的关系上面。他们从民族的创痛中,埋下被殖民的耻辱和仇恨,但是他们并不像高倡"反帝防修"的后来者那样,拒绝西方文明,而是以十分令人钦佩的"拿来主义"的眼光和气魄，从西方列强那里获取有用的东西。这些东西，在五四时期，已经不复是器物和技术之类；它们扩大到了文化领域，其中包括从文学、哲学、伦理到社会制度，以及风俗习惯各个方面。现代性需要整体的革命。"全面反传统"和"全盘西化"——"现代化"一词直到四十年代才开始进入中国，所谓"西化"，其实就是现代化——是革命的两面。在改革者看来，西方文明的本质是科学和民主，于是在《新青年》那里也就有了拥护"赛先生"和"德先生"的说法。在这里，科学是一种思想和知识的法则；至于对民主的阐释，则往往同人权问题有关。所谓人权，在《新青年》刊发的大量文字中，其意义蕴涵了人格独立，权利平等，思想自由，即对于个体价值的张扬。被哈贝马斯当作现代化方案的标志的"主体的自由"的实现，贯穿在五四一代所理解的科学和民主的口号上面。这就是"人的发现"。由于政权的衰败，在"共和"旗帜下的国民不成其为国民，惟是新的奴隶而已。这样，五四时期所要求的自由和民主的权利，开始就落在"人类"上面，而没有局限在"公民"那里。这是带根本性的，具有更普遍更长远的意义。五四的功绩，要而言之，就是在中国历史上第一次实行价值观念的更新；它唤起人的自由意识，并使之建立在为人类历史实践所确立的普遍价值的公理之上。

我们为什么称五四的思想启蒙运动为"新文化运动"呢？雅斯贝斯说："所谓'新'，就是说在我们的时代，历史第一次正在变成世界范围的，以现代交流赋予地球的统一性来衡量先前的全部历史都只是局部历史的一种单纯的集合体。"大独裁者袁世凯试图以"特殊国情"为隘口，阻挡中国的现代化进程，而自信"一夫当关，万夫莫开"，结果如何呢？事实证明，五四之后，没有哪一个人，哪一个集团，可以拒不接受西方的观念、思想、主义、文化制度、生活方式而能长久固守旧的传统，只是所接受者分属于西方不同的部分而已。

整个五四时期处于一种创造性的震荡之中。这是在社会的被控层次发起的震荡，由于新奇性的层次彼此沟通而不断扩大的整体性震荡，控制等级结构的松弛和崩解在加速进行。这个解体的结构，其主要部分是中国的文化传统，它是历代专制政权不断更迭而又能保持长期稳定的根本所在。面对如此古老的庞然大物，五四一代惟以一种"新态度"去对待它。胡适称作"评判的态度"，蒋梦麟称作"进化的态度"，其实也就是我们所惯称的批判的立场。正是知识分子群体的集中而猛烈的批判，给黑沉沉的中国带来了一个大动荡、大破坏而又充满蓬勃生气的奇异的黎明。对于新文化运动,著名的领导者之一胡适作了这样的描述:"整个运动,用尼采的话说,就是以价值重估为特征的一场运动。在这场运动中要推翻一切,要尝试,要判断;要批评,要怀疑,根据新标准去评价旧事物。在这价值重估的过程中,任何事物,不论怎样高贵,也不论怎样低贱,都应重新估价。婚姻、同居、守寡、就学、基督教——没有一样神圣得可以不接受人们批评的东西。对于我们来说,这是一个怀疑、批评、反抗的时代。"

民族文化传统本身是一个复合整体,所谓"全面反传统"并非全盘否定其中包括富有活力的某些成分,这只是一种笼而统之、大而化之的说法罢了,其实它反对的是传统中的主体部分,正统部分,也称"实质性传统"。新文化运动中有两个突出的波峰:一个是"文学革命",反对文言文,提倡白话文;一个是"打倒孔家店",铲除封建纲常。教条主义,公式主义,权威主义,偶像崇拜,确实是传统文化中的核心部分。对于提倡白话文学,领袖人物陈独秀的态度十分坚决:"必不容反对者有讨论之余地,必以吾辈所主张者为绝对之是,而不容他人之匡正也。"对于孔教,他认为"本失灵之偶像,过去之化石",但是当时政府居然把尊孔之文写进宪法,以一种学说一种思想一种原则为宗教,其结果必然是"敷衍民贼","阻思想信仰之自由"，因此必须加以破除。知识者纷纷起而批判旧文学和旧道德，率先尝试制作白话文学；作为新文化运动的旗帜和灵魂，《新青年》于1915年正式改用白话刊行。在它的号召和影响之下，至1919年全国已有四百种以上报刊采用白话；1920年，北京政府教育部决定中小学使用白话语文教材，青少年可以呼吸到新文化运动带来的新鲜空气了。但是，斗争的道路不是平坦的。运动的先驱者在行动之前，并没有绘制出一张周详的地图和日程表；他们也不曾充分考虑到，当他们向意识形态霸权挑战的时候，会遇到怎样的抵抗。"新旧思潮之激战"，与其说像一场布置停当的阵地战，毋宁说是"遭遇战"更适合些。但是，这批人物毕竟是英雄主义的一代，他们惟以坚强的胆魄，决斗的意志和团结的力量，击败了所有的对手。从林纾到吴宓，从杜亚泉到梁启超和梁漱溟，他们对新文学新道德的攻击也并非完全出于"学理"，不少时候仍然像"激进派"一样感情用事。政府历来是喜欢保守主义者而憎恶激进分子的。当时，即有官员动员安福系控制的国会，弹劾教育总长和北大校长，并且要求教育部解聘陈独秀、胡适、钱玄同等激进的教授。在保守派的压力下，陈独秀被迫辞去文科学长的职务，一些地方也曾一度禁止政府和学校购买和阅读批评旧文学和旧道德的书刊。有学者认为,如果不是适时地发生了"五四事件",北京大学及其他大学的新思想运动将会受到政府的严厉的镇压。正如胡适后来回顾五四时反诘的那样:"我们都是私人、个人,都没有钱,也没有权,也没有力量,我们怎么可以提倡一种东西。"革新者所依凭的仅仅是"真理"。在西方,真理一词仅含纯粹的认识论的内容,而在俄国知识分子及中国辛亥-五四的一代中,则包含了一定的社会道德内容,被视为带有社会变革指向的客观实在的理论依据。在斗争中,第一是针锋相对,比如保守派极力赞美"国粹",吴稚晖就称科学为人类的"公粹"。第二是极端的,偏激的,反中庸主义的态度和方法。最突出的例子是钱玄同的"废灭汉文"的主张,他认为:二千年来用汉字书写的书籍多属孔学道教之类,内容无不荒谬有害,中国文字纯属"记载孔门学说及道教妖言之记号。此种文字,断断不能运用于二十世纪之新时代。"中国之救亡,"必以废孔子,灭道教为根本之解决;而废记孔门学说及道教妖言之汉文,尤其根本解决之根本解决。"他主张以世界语取代汉文,并以新体白话国文与西文并用作为过渡。陈独秀也认为废汉文是进化公例,进而主张一并废除中国语言,但以先废汉文、存汉语而改用罗马字母书写为过渡。这里除去乌托邦的性质不说,光是这种主张本身,实施起来就足够消灭一切古旧的经典。它的威慑作用，大约正如鲁迅的关于"开天窗"的比方：你要开窗子，主人不肯；你说是要把屋顶给掀掉，天窗就开成了。这是弱势者的方法，被迫使用的方法，也许是唯一有效的方法。"与其……不如……"的句式，是一种别无选择的句式，比如鲁迅说的："与其崇拜孔子和关公，不如崇拜达尔文和易卜生，与其牺牲于瘟将军五道神，还不如牺牲于APOLLO。"这种句法，所以流行于五四时代不是偶然的。对于这种看似矫枉过正的"过激主义"，当年的北大学生领袖傅斯年表示说：假如要摆脱我们头上肩上背上抱着的一个四千年的垃圾箱，必有感情的策动与过分的批评；"但激流之下，纵有旋涡，也是逻辑上必然的，从长看来，仍是大道运行的必经阶段。"法国历史学家傅瑞在其名著《反思法国大革命》中指出，"法国大革命中有一种与形势有关，但又不由形势决定的新型的历史实践和意识。"他认为，必须对此进行清理，才能对大革命作出合理的解释。

这是一个革命的时代。在这样一种精神氛围中，几乎每一个人都是激进分子，一元论者。连胡适，也都"拼命走极端"。但是，五四是一条大河，支流众多。由于来自不同的源头和经历不同的地带，它们便各各以不同的流向与流速，互相融汇，互相冲突，推动着左右着运动的发展。

运动的领袖和中坚分子是一批归国的留学生。清朝末年，从西方归来的学生基本上不参与当时的改革运动，五四时情形就颇不相同了。这时，大部分留学生都是在日本、美国和法国学习的，这三个不安分的国家，以它们各自独特的历史，启发留学生从不同的角度和视域反思中国的问题。这三个国家的文化差异，显示了他们的思想差异。留美学生大抵重视文化教育问题，留日和留法的学生则更多地关注军事和政治问题。在政治方面，留日学生容易接受社会主义和民族主义的影响；留法学生或受法国社会思潮影响的知识分子，基本倾向于民主、乌托邦社会主义和无政府主义，在他们中间甚至明显地带有法国浪漫主义的风味；至于留美学生，则比较一致地接受美国式的个人主义和自由主义。知识分子中的不同的思想渊源和知识结构，埋下了五四后期大分化的伏线，甚至对此后的中国现代化的进程，也都产生着潜在的影响。五四冰河解冻，众声喧哗。不同的问题，不同的主义，甚至主义中仍然有主义。同为自由主义者，陈独秀是激进的自由主义，胡适则是渐进的自由主义；同为保守主义者，张君劢是保守自由主义，梁漱溟则是保守传统主义。这时，作为最具影响力的一种思潮，无政府主义也都存在着不同的派别，或者倾向于社会主义，或者倾向于个人主义，或者主张互助，或者主张暗杀，主张可以很不同。新文化运动是精神解放的运动。运动是多元主义的，相对主义的，反体系化反制度化的。借用丹尼尔·贝尔在《资本主义文化矛盾》中的说法，五四时期当是一个独立于政治经济之外的文化领域，以其轴心原则——"自我表达和自我满足"——支配社会的时期。发生在这一时期中的许多大大小小的论战，无论发生在革新派内部或是在革新派与保守派之间，都是没有结论而只有争论的。东西新旧文化之争，"解放"与"自由"之争，"普及"与"提高"之争，"问题"与"主义"之争，"科学"与"玄学"之争……运动就是一切，怀疑就是一切，争论就是一切。1922年，北京出现反宗教运动。由于教会学校当局禁止学生参加罢课及其它社会活动，引发多起冲突事件，一些国际基督教组织决定四月份在北京清华大学举行一次世界基督教学生联盟大会。针对这种情况，无政府主义者李石曾等提前发起成立"反宗教大同盟"。其时，已经成为中国共产党领导人的陈独秀，是加盟并予以积极支持的。陈独秀的行动，立即遭到周作人等五教授的攻击，接着钱玄同等也发表宣言，极力反对大同盟运动以群众压力干涉和威胁个人思想信仰的自由。周作人一再声言，说陈独秀的态度予人以恐怖感和压迫感。陈独秀公开致函作答，强调基督教的反科学性质，以及基督教教育有"强有力的后盾"，与国内外反动势力相勾结的事实，认为基督教是强者，并提出："请尊重弱者的自由，勿拿自由、人道主义许多礼物向强者献媚！"周作人则答辩道："承认这些对于宗教的声讨，即为日后取缔信仰以外的思想的第一步"，"是对于个人思想自由的压迫的起头"。他强调说，"思想自由的压迫不必一定要用政府的力，人民用了多数的力来干涉少数的异己者也即压迫。"无论是政党或是多数，因为没有"组织"的存在，人际关系变得天然的民主，所以，周作人等少数派也就仍然能够自由地发出，而且确实留下了异议的声音。

这就是五四式的宽容。

宽容，是只能在可能自主的环境下发生的。这是一个事实判断。如果作为价值判断，作为一种主观态度，宽容也是只能对权力和权威而言的。可是，五四的时候没有偶像，没有权威，没有"霸权话语"。张东荪对"宽容"的认识说得很好："有势均力敌之对抗，然后始能有容。"强势者对弱势者喋喋什么宽容呢？如果对强势者实际上造成的压迫不予限制，还说什么宽容呢？如果不能容忍抗议、对抗和冲突,还叫什么宽容呢?在许多时候,所谓宽容是虚假的,而冲突才是社会的生命之所在。五四的魅力,在于各种主义和思想的毫不设防,是没有规限的冲突和斗争,而不是高度一致。五四是伟大的异构体。

知识者往往是空谈家,饶舌者;他们获得知识,只是作为一种专业技术,或是作为通常的有文化的标志,而不是为了社会和人生的应用。五四一代不同,他们是理想主义者,周作人说北大学风"迂阔","明其道不计其功",指的就是对理想价值的追求。但是,他们却并不作启示录式的布道;他们对知识、科学和各种思想的渴望,全出于变革的热情的驱遣。在本质上说,他们是实践家,是蒙田形容宗教改革说的那样,是把"超天思想和入地行为"结合到一起的人们。在五四初期,最流行的是功利主义的、实用主义的原则。陈独秀分析东西方文化时指出,东方注重形式,西方注重实际,因此积极提倡采用实用主义作为中国的教育原则。许多著名的知识者,如高一涵等也宣传功利主义,钱玄同则公开宣布说:"我始终是一个功利主义者。"五四期间,美国实用主义哲学家和教育家杜威来华,在知识分子群中,进一步扩大了人文主义－实用主义的影响。卢梭的人民主权理论,尼采、易卜生的个人主义,俄国的民粹主义－人道主义,英国的功利主义和美国的实用主义的融合，共同构成了新的价值原则，犹如初露的朝暾，照亮了广大青年知识者脚下伸展的茫茫前路。

陈独秀认为五四特有的精神有二：一、直接行动；二、牺牲精神。关于直接行动，他的解释是"人民对于社会国家的黑暗，由人民直接行动，加以制裁，不诉诸法律，不利用特殊势力，不依赖代表。"看得出来，这里有卢梭的思想和法国大革命的"直接民主"的影响。首创"五四运动"一词的北大学生领袖罗家伦，对五四精神的总结也提到牺牲精神，其具体描述为"奋空拳，扬白手，和黑暗势力相斗"。鲁迅是社会革命实践的积极鼓吹者，在《灯下漫笔》一文中，曾这样两次提到"青年的使命"，其一说："创造这中国历史上未曾有过的第三样时代，则是现在的青年的使命！"再是说："扫荡这个食人者，掀掉这筵席，毁坏这厨房，则是现在的青年的使命！"世纪末的学者鄙夷世纪初的战士，说是只有破坏没有建设，其实，自从发出反叛的第一声战叫，他们就在一面前进，一面开拓和创造。这些先行者，他们始终以宏放的眼光注视着未来；但无论新梦如何辉煌，都不会离开时代问题，停止当下的战斗。要扫荡的旧物太庞大太沉重了。然而，即便在那般恶劣的环境，大批的青年知识者，依然怀着奔赴的热情,创造他们的新生活。他们组织工读互助团,广泛开展大众教育计划,比如组织讲演,讲座,散发自行印制的材料和普及杂志,为工人和穷人的孩子开办夜校,创办免费普及学校等等,在全国掀起一场社会组织和社会服务的活动的热潮。北大有一个名为"平民教育讲演团"的团体,创办于1919年,在艰困动荡中竟然坚持到了1922年。为了社会改造,他们是怎样耗费着青春的生命!王尔德说:"不包括乌托邦在内的世界地图,是不值得一瞥的。"我们不妨把他们称为乌托邦主义者,难道你会觉得这是一个带贬义的语词吗?何况,他们还不仅仅是乌托邦主义者!现在的犬儒,居然有勇气讥笑五四是一个没有建设的时代,——世界上有什么创造比精神的创造更富有价值呢?有什么建设比人格的建设更为重要呢?

周作人为新文学下了一个简明的定义:"人的文学"。许多作家,包括鲁迅在内,也都如此概括自己的写作基调:"为人生"。这是普通人的人生,既属于大众,也属于个人。五四关于个性解放的宣传,同"民主"和"科学"一样,在中国历史上带有革命的意义。此前,中国人什么时候曾经争得独立的人格?虽然不能说五四时人们已经拥有了个人的权利、价值和尊严,但是,至少先觉的知识者,已经能够使自己从权力的阴影和群体的包围中脱离出来,而有了自己的选择了。胡风把五四精神引申为"平凡的战斗主义","平凡"就是人生的,实际的,经验的;正如他所说,这里有着一种"对于社会现象的认真的凝视"。五四的人文主义,首先是集问题的焦点于现代人的生存,以此出发,作为对西方理念、传统文化、社会问题和学术问题的评判的基点。在对"国粹家"的批判中,鲁迅写道:"问题不是我们能否保存国粹,而是国粹能否保存我们。"的确,"保存我们"是第一义。所以,在《京报副刊》征求"青年必读书"的书目时,鲁迅的答复是"我以为要少——或者竟不——看中国书",等于交了"白卷"。他附带说明了理由:"我看中国书时,总觉得就沉静下去,与实人生离开。"他要的就是这"实人生"。他说不要"鸟导师",要"韧",要"有一分热,发一分光",要"个人的自大"而不要"合群的自大"、"爱国的自大",就是因为这"实人生"。他问"我们现在怎样做父亲",问"娜拉走后怎样",也都因为这"实人生"。他有一段很著名的话说:"我们目下的当务之急,是:一要生存,二要温饱,三要发展。苟有阻碍这前途者,无论是古是今,是人是鬼,是《三坟》《五典》,百宋千元,天球河图,金人玉佛,祖传丸散,秘制膏丹,全都踏倒他。"其实,他一生的著述,都在重复着这段话。对于他,以及他的同时代人,重要的惟是"实人生"。

在运动的盛期,胡适打从旁门踱进研究室,"整理国故"去了。这是一支不和谐的插曲。为此,颇为革命派所诟病,认为是对中国青年的误导,转移了学习当代科学的注意力。对胡适来说,却并不认为有违运动的精神。他把"重新估定一切价值"的评判态度引入国故研究,提倡疑古主义;企图在中国文化史上搞出个具体而微的哥白尼革命。除了撰写像《中国哲学史大纲》这样自称为"开风气的作品"以外,他还研究《红楼梦》和其他古典小说,研究神会和尚,改写禅宗史,校勘整理相关典籍,为其恢复名誉,把它们提高到与传统的经学、史学平起平坐的地位。的确,其中是包含了运用西方现代科学的观念和方法的尝试在内的。这样具有开拓性的学术事件,当大有益于混沌荒芜的中国学术界。但是,学术实践毕竟不能算作完整的社会实践。至于它在整个社会改造中间占据着怎样的位置?知识分子应当在多大程度上介入社会革命?其"专业性"和"业余性"的关系到底如何?胡适遭逢的革命—学术的两难境遇,为后来的知识者留下了一个有意味的话题。不过,胡适本人对此是有过反思的。他认为其中有

"教条主义"的危险倾向,后来还告诫青年说:"这条故纸路是死路。"综其一生,无论为著作家,为教育家,为政府官员,都无法摆脱人生的意义的纠缠,因为这是同他所曾经参与领导的运动连在一起的。

对于五四运动,胡适多次强调,对发现的意义,认为"与欧洲的文艺复兴有惊人的相似之处"。他总结道:"首先,它是一场自觉的,提倡用民众使用的活的语言创作的新文学取代用旧语言创作的古文学的运动。其次,它是一场自觉地把个人从传统力量的束缚中解放出来的运动。它是一场理性对传统,自由对权威,张扬生命和人的价值对压制生命和人的价值的运动。最后,很奇怪,这场运动是由既了解他们自己的文化遗产,又力图用新的批判与探索的现代历史方法论去研究他们的文化遗产的人领导的。在这个意义上,它又是一场人文主义的运动。在所有这些方面,这场肇始于1915年,有时亦被称为'新文化运动','新思想运动','新潮'的新运动,都引起了中国青年一代的共鸣,被看成是预示着并表明了一个古老民族和一个古老文明的新生的运动。"

五四的最大成就,就是造就了大批新人:现代知识分子。

在一个处于生死转换途中的大时代里，每一个为之奋斗的人都是英雄。这批向二十世纪走来的使徒，内心无不充满一种道义感，一种近于神授的不满情绪，理性而激情，怀疑又自信；它们谴责所有的教义，亵渎所有的神圣之物，反对宿命论。置身于社会的潮流之中，感受到世俗的一切苦痛，却不甘沉沦；它们相信进化，为进化所推动，又是社会进化的原动力，勇于进取，敢于牺牲；大胆幻想，富于远见，既属于时代又超越时代，是那种面对一片荒野却看到了一座乐园的人。它们是持不同政见者，社会的反对派，叛逆者，偶像破坏者。他们走在社会变革的前面，以思想激进和天生好斗的个性，而常常被人们当作无事生非的肇事者，冒险家，谵妄者，精神失常的人。正是这样一批以"新青年"自命的人，具有自由天性的人，彻底抛弃了奴性的人，如此完美地体现了一种沉埋已久的民族精神气质。春秋的百家争鸣，盛大的汉唐气象，都曾经为这种精神气质所涵养。"五四精神"是什么精神？就是自由的精神，解放的精神，创造的精神。

知识分子凭借着这种精神，使自己成为一股真正的自治力量而发挥作用，对历史发展的进程施以决定性的影响。蔡元培明确主张大学"自治"，认为"教育超乎政治之上，不受政治控制"。他提倡教职员治校，学生和教师之间保持个人关系，教授可以私人资格发表政治主张。在知识界，人人各行其是，自己组织社团，自己创办报刊；产生意见上的分歧，也都没有统一的标准，用鲁迅的话来说，仍然是自己裁判，自己执行。所谓"自治"，意味着人类自觉思考，自我反省和自我决定的能力。它包括在私人和公共生活中思考、判断、选择，和根据不同的行动路线行动的能力。作为"自组织"，五四知识分子在运动中自己领导自己，自己管理自己；连这种民主、开放的管理方式，也是由自己创造、争取并且加以维护的。他们通过自治，把知识分子能量发挥到了最大限度。按照我们的一个经典的公式是：经济基础－上层建筑－意识形态，完全的决定论；即便承认后者的反作用，它的独立性也没有得到充分的肯定。其实，观念、计划、世界观和意识形态，其中即包含着现在可以进入交换过程的价值或整个价值体系，它们带来许多新奇性因素。知识的发展，社会文化的发展，已经在相当大的程度上从环境的支配中解脱出来。五四知识分子以其高度自治的有效性，为"观念生态学"提供了一个范型。

著名汉学家费正清指出，中国的专制政府在专政和民主两个方面提供了经验，有两个传统与此相关：一是士大夫传统，一是农民传统。从生产关系的意义上说，农民阶级与封建地主阶级其实是一副"对子",是属于土地的,野蛮的,暴力的,占有的;由于长期的科举制度,"学而优则仕",士大夫只能作为统治阶级的一个依附阶层而存在。这样两个传统实际上是一个传统。中国的工人阶级人数稀少,构不成一个传统。中国的无产阶级革命,本质上是农民革命。中国革命的胜利,正是遵循了毛泽东的"农村包围城市"的武装斗争路线而取得的,这在历史教科书上早有定论。五四知识分子则完全改道而行,它们凭借城市市民阶级的成长背景,以西方的现代科学观念,反对和改变绅士阶级-士大夫阶级的儒学价值观和方法方式而取得了传统的突破。他们是一群破茧而出的自由的飞蛾,赴火的飞蛾。从此,知识分子传统与农民传统两大传统的对立局面才告真正形成。

正因为有了这样异质性的意识和物质力量的出现,中国现代化的进程开始进入了一个新阶段。

"若要官,杀人放火受招安"

五四期间访问中国的杜威,对这块急剧变动的古老的土地,以及生活和斗争于其上的知识界同行充满了礼赞之情。1919年6月,他在给女儿的信中写道:"一位曾对五十种学生报纸作过仔细研究的朋友说,这些报纸的第一个特点是有大量的问号,第二个特点是要求言论自由,以便能够找出这些问题的答案。在一个信仰既定权威的教条,又是使人感觉满足的国家里,这种提出疑问的热潮,预示着一个新时代的到来。"

然而,这个时代没有到来。

启蒙思想者们面对的社会太黑暗,太腐败,太贫困落后了,他们要着手解决的问题实在太多。随着时间的推移,现实问题——而不是观念问题——变得愈来愈突出。但是,由西方观念所唤醒的国民,首先是知识者自身,对变革的期待已经变得十分急迫。这是一种普遍的时代急躁症。这时,苏俄政府决定放弃在华租界的消息不断传来,使亢奋的知识者看到了新的方向。在启蒙运动中,各种派别无论如何宣扬个人的价值,同时也都强调个人对社会的责任;而且,作为一个思想革命运动,原来便带有双重的社会实践的倾向,于是以五四爱国事件作为转机,文化激进主义开始演变为社会激进主义。这时,知识者更加注重西方－苏俄社会主义学说的介绍和吸收。由于苏俄对西方持严厉的批判态度,加上国民党和新成立的共产党的共同的意识形态宣传,知识界开始一边倒,坚持维持其在华特权政策的西方国家的价值观念、社会改造的方案和经验,逐渐失去市场。思想这东西,原本处在一种开放的、自由竞争的、多元互补的状态,后来也就随着党派斗争的进行,而趋向于偏胜和封闭,成为二元以致一元的了。一直潜在着的民族主义迅速上升,与社会主义－列宁主义结合在一起,代替个人主义、自由主义和无政府主义,成为二十年代的思想主潮。

五四运动时知识社会－市民社会是漩涡的中心,其他各个阶级和阶层的震荡,不过是同心波而已。及至五卅运动以后,工农运动蓬勃地发展起来,这时,全国的政治重心发生位移,国共宣告合作,南方成了革命的策源地。当学生运动的火焰刚刚点燃,政党只是配角,等到蔓延开去以后,便与学生组织建立各种联系,争取吸收学生入党。随着政府的镇压,左右派别的冲突,大众斗争的规模化,学生的政治兴趣大大增强,积极参与政党的组织工作。许多有名的知识分子,无论何种派别,也都在国民革命军的炮声中纷纷南下,向政治势力靠拢。走俄国式道路,这本身就意味着暴力革命、集权主义,意味着新生的脆弱的知识分子传统,必然为根深蒂固的农民传统所吞并,从而丧失独立的地位。

苏俄著名的流亡学者别尔嘉耶夫在《俄罗斯思想》中写道:"在我们这里,革命是精神文化的危机和精神文化的压迫。"又说:"社会革命者是文化上的反动派。"革命与文化是否真的如此势不两立?革命是否必然导致精神文化的毁灭?这是一个带普遍性的公理呢,还是仅仅因为这位流亡者为革命所抛弃——或者说革命为他所抛弃——时发出的呓语?

但是,无论如何,新文化启蒙运动被迫中断是一个事实;并因此造成五四一代知识分子的精神损伤和萎顿,也是一个事实。对此,胡适后来作了这样的总结:"从我们所说的'中国文化复兴'这个文化运动的观点来看,那次由北京学生所发动而为全国人民一致支持的,在1919年所发生的'五四运动',实是整个文化运动中的一次历史性的政治干扰。它把一个文化运动转变成一个政治运动。"大陆学者李泽厚也曾有过一个后来变得很流行的说法,就是"救亡压倒启蒙"。作为一个社会改革运动,它最终必须超越诸如个性解放的范畴，而扩展到经济平等，以及社会和政治进程中的大众参与问题。这种超越，并不说明启蒙工作的不合时宜，或者文化批判注定没有效果；让知识－观念走向社会，参与变革实践，本来就是知识分子终极关怀的所在。在这里，我们说"启蒙"和"救亡"，就是对知识分子而言的；也就是说，启蒙是知识分子的启蒙，救亡也是知识分子的救亡。救亡中的知识分子，自有不同于工农大众的特殊的位置、工作和方式；可以说，这就是救亡中的启蒙。这里的分界点是，当文化实践过渡到社会实践，文化斗争成了政治斗争的一部分，由是知识群体不复成为社会主体的时候，知识分子个体是否继续保持自身的主体性，维持自治的原则；是否继续保持知识分子的独立身份和批判立场；是否继续以自己的专业知识和思考，为打破现状也即社会改革提供可靠的精神文化资源？五四新文化运动作为知识分子运动，其中途夭折，重要的还不在于外部的"干扰"和"压倒"，而在内部的溃败和自身的不支。一个很简单的问题是：当团体散失之后，中国思想知识界是否还有"散兵战"？

一个很可怕的事实是：知识分子成了五四之敌。

海外学者林毓生在《中国意识的危机》中，把陈独秀、胡适、鲁迅三人当作五四一代知识分子的代表性人物加以论列，应当是合适的。他们有着不同的思想渊源，不同的党派或竟无党派，不同的倾向和不同的风格。对于知识分子立场的恪守或转变，色彩都很鲜明。

陈独秀以法国大革命的思想底色，狂飙般不羁的性格和雷霆般的处事作风，很可以当作五四的象征性人物。他提倡"科学""民主"最力，破坏偶像，扫荡"国粹"，有一种冲决的力量。在他那里，国家也是偶像。对于政府、法律，以及人民的自由权利，他指出："世界上有一种政府，自己不守法律，还要压迫人民并不违背法律的言论，我们现在不去评论，我们要记住的正是政府一方面自己应该遵守法律，一方面要尊重人民法律以内的言论自由。法律只应拘束人民的行为，不应拘束人民的言论；因为言论要有逾越现行法律以外的绝对自由，才能够发见现在文明的弊端，现在法律的缺点。"只需几句话，就把问题说得明明白白，全没有学者的那般绕弯子。"党派运动"，"政党政治"，也是他抨击的主要目标。他说明所以非难"党见"，主要出于这样两点理由："其一，政党政治，将随1915年为过去之长物，且不适用于今日之中国也"；"其二，吾国年来政象，惟有党派运动，而无国民运动也。"所以，他极力强调要区别"政党政治"和"国民政治",主张推进全无政党背景的"民众运动"。他把根本的政治问题归结为以下三条:"第一当排斥武力政治;二是当抛弃以一党势力统一国家的思想;三当决定守旧或革新的国是。"对于是否加入政党,他的态度,在《新青年》宣言中表达得很明确:"至于政党,我们也承认他是运用政治应有的办法;但对于一切拥护少数人私利或一阶级利益,眼中没有全社会幸福的政党,永远不忍加入。"

次年陈独秀开始鼓吹非和平的革命;又次年,发起成立中国共产党。这时,好像他有着把原来视作对立的"党派运动"和"国民运动"加以整合的意味。在新文化运动中,他一直注重团体的活动,尤其是劳动团体,致力于群体意识——所谓"新集合力"——的阐扬;相对而言,对个人意识缺乏足够的关注。集体主义与霸权主义本来是一壁之隔,当围绕人的个体性的问题一旦被搁置起来的时候,两个房间的通道就被打开了。《新青年》的同仁曾经商定"二十年不谈政治",几年之间,陈独秀和李大钊不但谈政治,而且还在《新青年》之外,另行创办了一个专谈政治的新刊物《每周评论》,并与从来有意疏远的孙中山领导的革命活动接近。后来,陈独秀还置同仁的反对意见于不顾,不惜偏离启蒙的立场,牺牲文化的利益,坚持把《新青年》办成政治性刊物，办成党刊。其实，胡适也不是不谈政治，他在创办的《努力》周报上，就有对孙中山及国民党的激烈批评。为此，李大钊致信胡适说："《努力》对中山的态度，似宜赞助之。"并且发表文章，强调首要问题是"以中国国民党作为中心"。事情大约正如陈独秀所说，"既然有政治便不能无政党"；总之，这位社会民主的斗士，已经成为政党政治的鼓吹者了。"政党是政治的母亲，政治是政党的产儿。"激进如此，不可谓变化不大。此外，他从世界主义退向民族主义，从民主主义退向国家主义；放弃一度宣扬的联邦自治的思想，在"爱国"的旗帜下，强调"统一"和"集中"。他说："集中全国爱国家而不为私利私图的有利分子，统率新兴的大群众，用革命的手段，铲除各方面的恶势力，统一军权政权，建设一个民主政治的全国统一政府。"他表示："权力集中是革命手段中必要条件。"李大钊也强调"团体的组织与训练"。其实，李大钊的所谓"精密组织"和"政党精神"，与陈独秀说的"权力集中"是一致的。

但是，陈独秀很快就尝到了"权力集中"的滋味。在中国共产党内，作为总书记，他发现无法摆脱"共产国际"和斯大林的控制。为了维护党的利益，他对抗过，挣扎过，但是无能为力。1927年，在国民党血腥"清党"之后，他作为一个牺牲品被抛弃了。由于处在共产主义的大系统内，他以自己的一贯的信仰、热情，独立的意志和见解，视苏联政治反对派领袖托洛茨基为同志。这样，致使他与曾经委身的政党长期无法达致和解。他一生中，坚持与帝国主义和封建势力作斗争，与国民党政权作斗争，同时与共产国际和共产党内的自以为错误的思想路线作斗争。在他晚年，他关于民主包括党内民主的思想，是十分光辉的思想，大可以看作是五四民主意识的回光返照。这时，民主于他已经不是观念的产物，而是社会、政党和个人的现实命运的产物，沾带了许多鲜血和痛苦，因此有着从前所没有的深刻和独到。例如，1940年9月他写给西流的信，就有很大的篇幅论及民主问题，发人所未发，至今仍然具有启示的意义。他认为，民主是"大众政权"的根本所在，"如果不实现大众民主，则所谓大众的政权或无级独裁，必然流为史大林式的极少数人的格柏乌政制，这是事势所必然，并非史大林个人的心术特别坏些"。所以，"以大众民主代替资产阶级的民主是进步的；以德、俄的独裁代替英、法、美的民主，是退步的。"但是，他又认为"资产阶级的民主和无产阶级的民主，其内容大致相同，只是实施的范围有广狭而已。"因此，他给予近世民主制，也即"资产阶级民主制"以高度的评价，认为是近代人类社会三大天才发明之一。他还论述了个人领袖与政治制度的关系，确认制度先于个人，大于个人。他指出："史大林的一切罪恶，乃是无级独裁制之逻辑的发达，试问史大林一切罪恶，那一样不是凭藉着苏联自十月以来秘密的政治警察大权，党外无党，党内无派，不容许思想、出版、罢工、选举之自由，这一大串反民主的独裁制而发生的呢？若不恢复这些民主制，继史大林而起的，谁也不免是一个'专制魔王'，所以把苏联的一切坏事，都归罪于史大林，苏联样样都是好的，这种迷信个人轻视制度的偏见，公平的政治家是不应该有的。苏联二十年的经验，尤其是后十年的苦经验，应该使我们反省。我们若不从制度上寻出缺点，得到教训，只是闭着眼睛反对史大林，就永远没有觉悟，一个史大林倒了，会有无数史大林在俄国及别国产生出来。"毕竟是一个经历了五四运动的"老革命党"，所以才会在意识形态的浓雾的包围中，保持如此澄明的科学理性；在政治指挥棒的击打下，显示出一种独立的人格力量。自然，也得感谢命运的安排，如果不是脱离了共产国际的羁系，不是经历过不自由的监禁和自由的流徙，他也将很难领会到民主的真谛。

但是，无论如何，他已经不可能恢复从前的启蒙思想者的身份，操持着一种人文知识分子的文化话语了。

与陈独秀不同，胡适的思想背景是美国式的自由主义，性格温和、儒雅、放达，从不履险，城府甚深。两位新文化运动中的合作者，结果却先后卷入政治，并且分道扬镳了。胡适走的是政府的道路，虽然有时也会同权力者闹闹别扭，但大抵是和谐的，因此无论在政界还是学界，都是"圣之时者也"的人物。陈独秀却无论入党还是出党，始终是"叛徒"，结局十分悲惨。

正如把陈独秀称作激进主义的领袖一样，胡适一直被看作是中国现代自由主义之父，近年来大陆对他抬举尤甚。中国到底有没有西方式的自由主义者？事情实在很可疑。如果单说"自由主义"，那么不妨像我们的学者说的那样，从"学理"方面审查一下理论的坚脆即可；但是如果要论及"自由主义者"，除此以外，大约总须看看实践方面的情况如何，是否与有关的自由倾向相一致？总须看看个人与权力、环境、形势的关系，当发生了许许多多的纠葛之后，倒过来是否有损于原来理念中的自由？

胡适是一个二元论者：文化上的激进主义，政治上的保守主义。或者可以认为，在本质上他是个保守主义者。他自称："我本是个保守分子。"早在留学日记中，他就表示说"不赞成不成熟的革命",而赞成"好的政府",因此立志要为中国的好政府创造"必要的前提条件"。后来参与领导新文化运动,也都是"要想在思想文艺上替中国政治建筑一个革新的基础"。1922年5月,《努力》周报发表由胡适起草十六人署名的宣言《我们的政治主张》,提出政治改革,要求成立"好政府",鼓吹宪政政治。这就是有名的"好政府主义"。胡适在哲学上是一个渐进主义者、实用主义者,反映在政治上则是一个改良主义者、宪政主义者。他信奉的是英美宪政文化中的理性、民主、法治、秩序的成分,而"好政府主义",正是这些价值成分的综合体现。他批评"东方自由主义运动",说是始终没有"走上建设民主政治的路子"。所谓"建设",按他的主张,就是把个人自由置于现政府的宪政的保护之下;也就是说,合宪性是个人自由的准则与行为方式。因为看到政府中"没有一个强有力的、有效能的领导阶层",于是到后来,竟自一头扎进去了。可以说,"好政府主义",是胡适一生的大纲。

其实,胡适对权力和权力者一直抱有好感。1912年,南京临时政府成立后,清帝溥仪(宣统)被迫逊位。退位后,曾在故宫约见胡适。关于接见的情形,胡适在《宣统与胡适》一文中有着微妙的记述,其中说:

"三十日上午,他派了一个太监来我家中接我。我们从神武门进宫,在养心殿见着清帝,我对他行了鞠躬礼,他让我坐,我就坐了。……他称我'先生',我称他'皇上'。……"1924年底,冯玉祥的国民军以武力驱逐溥仪出宫,胡适即公开表示反对,一时舆论哗然。1925年初,胡适又以"有特殊资望学术经验者"的身份,出席段祺瑞召开的"善后会议"。正是这个段祺瑞,发布"整顿学风"的命令,剥夺学生参加社会活动的权利;接着,开枪射杀学生和市民,血腥镇压北京和平请愿运动,制造著名的"三一八惨案"。惨案发生后,还下令通缉"啸聚群众"的领袖分子。作为政府,还有什么比屠杀学生更能暴露其反动面目的呢?但是,现代评论派的陈源等一流学者教授,居然站在政府方面,诬蔑群众死者为"暴徒"!好人政府运动中的知识分子领导人,此刻哪里去了?他们基本上对北京政府采取容忍的态度。胡适与现代评论派是关系密切的,在这次事件中,他的态度相当暧昧。

1927年,蒋介石实行"清党",在一场"血的游戏"之后,在中国建立了一个比北洋军阀时代更庞大更独裁更有实力的中央政府。胡适认为:"现在人所谓专制,至少有三个方式:一是领袖的独裁,二是一党的专政,三是一阶级的专政。其间也有混合的方式:如国民党的民主夺权的口号是第二式,如蓝衣社的拥戴社长制则是领袖独裁而不废一党专政;如共产党则是要一阶级专政,而专制者仍是那个阶级中的一个有组织的党。"对国民党的"一党的专政",他明确表示反对,在《新月》杂志上率先发表文章,批评政府,呼吁"人权"。在一个充满侵害、禁闭和杀戮事件的国度,提出人权问题是有意义的。但是,当"人权"作为一个法学概念被提出来时,新月派批评家便故意回避了政府屠杀人民的事实。他们不是在对立和抗议中阐述人权立场,不是以非官方的、团体的、舆论的力量迫使政府就范,这样,也就等于把人权的解释权最后交还了无须普选而凭武力攫取权力的、肆意践踏人权的非法政府。胡适声明要做政府的"诤友",他和他的新月朋友们的"自由言论",丝毫不会有不利于党国的恶意,相反是为对方设想的,是惟政府智囊式人物才有的宪政思想的一部分。然而,对于一个独裁政府,即便这样一点微词也不可能被接受。于是,胡适们焦大般地被塞了一通马粪,《新月》被迫停刊。这就是当时颇为轰动的"人权案"。

"我们走哪条路?"1930年,胡适再度亮相,发表自觉与政府保持一致的立场。1931年底,国民政府成立财政委员会,胡适被指定为委员。1932年1月,他又被邀出席国难会议。出发前,与丁文江等人约请多位与会者交换意见,共同商定:"不要对国民党取敌对态度,当以非革命的方法求得政治的改善。"胡适于1932年11月首次同蒋介石会面,12月作《中国政治的出路》一文,明确表示要"努力造成一个重心",并说,"国民党若能了解他的使命,努力做到这一点,我们就祝他成功。"稍后,就从权门清客进而成为政要人物了。1931年9月,他题写过这样一首诗:"几枝无用笔,半打有心人,毕竟天难补,滔滔四十春!"他是一个十足的"补天派"!

1932年12月,宋庆龄、蔡元培、杨铨等发起成立中国民权保障同盟。鲁迅和胡适都曾加入该组织。但是,胡适很快就与其他盟员发生分歧。他认为他们的致命伤,在于"把民权保障的问题完全看作政治问题"。同盟对各地监狱的黑暗实况进行调查和揭露,他却美化监狱生活;对于同盟要求援助和释放政治犯,他则认为这是对一个政府要求革命的自由权。他辩护说:"任何一个政府,都应当有保护自己而镇压那些危害自己的运动的权利。"正如瞿秋白所讽刺的,他在这里所要的已经不是人权,而是"政府权"了。1934年11月27日,汪精卫、蒋介石发表致全国的《通电》,其中有"人民及社会团体间,依法享有言论结社之自由,但使不以武力及暴动为背景,则政府必当予以保障,而不加以防制"等语。12月9日,胡适即发表

《汪蒋通电里提起的自由》一文,声称"我们对于这个原则,当然是完全赞成的",并颂赞其中"不以武力及暴动为背景"一语,说是"比宪法草案里用'依法'和'非依法律'一类字样,清楚多了"。此种附和,已近乎肉麻。1947年,蒋介石邀请胡适出山做国府委员兼考试院长,胡适说:"我在野——我们在野——是国家的政府的一种力量,对国外,对国内,都可以帮政府的忙,支持他,替他说公平话,给他做面子。若做了国府委员,或做了一院院长,或做了一部部长……结果是毁了我三十年养成的独立地位,而完全不能有所作为。结果是连我们说公平话的地位也取消了。——用一句通行的话,'成了政府的尾巴'。"7月4日,国民党政府发布了"总动员戡平叛乱案",胡适次日即对新闻界表态拥护,随后还发表了题为《两种根本不同的政党》的文章,赞扬国民党的宪政改革,并多次应邀到北平电台和国民党华北"剿总"作反共演讲。他说:"政党争取政权应当依法进行,以求取大多数国民的支持。用武力推翻政府是不合法的,是暴乱。政府为了自己,有责任平定叛乱。"他曾表示:"在国家危难之时,我一定与总统蒋先生站在一起。"鲁迅称郭沫若式的革命文学家脚踏两只船,一只是"革命",一只是"文学"。当环境较好的时候,就在革命的船上踏得重一点,待到革命被压迫,则在文学的船上踏得重一点,变了纯文学家了。胡适的情况其实也颇类似,一直在学院和政府两者之间游弋,这就是一个"自由主义者"的恒态。不同的只是,他表现得相当忠勇,一旦政府陷于危难,却是不惜舍身作陪葬品了。

美国学者周明之这样评价胡适,说:"他倾心于一种无行动的维持现状,使他得以进行一种'最根本的建设','为未来世世代代的建设打下基础'。而这实际上就是把无论何种环境中的行动都无限推迟,并无条件地拒绝承认任何反政府的行动。这便是胡适文化与精神变革的心理基础。"格里德指出,胡适的政治态度反映出他对自由主义理论有一种根本的误解。他明确而持久地把政府想象成实现公共目标的工具,但对于这类目的怎样才能由与他的民主倾向相一致的手段来决定,却没有清楚的认识。格里德还把胡适同他的老师杜威做了对比,说杜威是从特定的假定条件出发的,他的假定是根据西方的,尤其是美国的社会经验推导出来的;这些经验,几乎在每一个重要方面都是跟中国不同的。而胡适的民主宪政构想是建立在一种"普遍性的信仰"之上的,在他的自由主义信条中,最致命的,就是绝对排除对专制政治的自由反抗。格里德承认，这是一个危险的位置："在公开反对现存秩序和无条件向现存秩序投降之间，正是胡适所走的狭窄的路。"但是，他毕竟明显地倾向后者。格里德说："胡适对于现存政权的原则始终是十分尊重的，因而，尽管国民党无视他的合法性标准，他也不得不为国民党的统治权力辩护。"鲁迅说："新月博士（胡适）常发谬论，都和官僚一鼻孔出气。"据说鲁迅是胡适的对头，不足为据；而洋鬼子对胡适的批评，却也都集中在这上面，结论是一致的。权力这东西，注定要劫夺知识分子的自由意志的。对此，法国学者鲍德里亚有一段话，结合福柯的情况，说得很好："话语实践并不是一种政治行为。政治行为是另外一回事。当一个知识分子被要求采取政治行为时，也就是说，当他被整合到权力机制之中时，他就完全站错了。……福柯便碰上了这样的问题。他希望自己能够成为最高决策层的政治顾问，他也获得了这一职位。如果说有谁愿意这样的话，那就是福柯，无论如何，他作了尝试，却发现自己难以胜任：这是一次失败。"在这里，胡适就是福柯。

关于自由主义在中国的失败，胡适研究专家格里德认为，并非因为自由主义者没有抓住为他们提供的机会，而是因为不能创造他们所需要的机会。自由主义者需要秩序,中国却处在混乱之中;自由主义者理想的共同价值标准在中国并不存在,而他们又不能提供可以产生这类价值准则的手段;自由主义者崇仰理性,而中国人的生活是依靠武力来塑造的。简言之,自由主义的失败,是因为它无法为中国面临的重大的社会问题提供答案。接着,他提出:"如果中国的自由主义者更愿意与现存的秩序进行斗争而不只是设想借助这个秩序,他们很可能会成为现有秩序的更为有效的批评者。如果在他们看来,革命不是那样的意义不明和危险的药方的话,他们也许就会成为激进变革的更有说服力的拥护者。但如果他们是为另一种案情辩护的话,它们也就不再是自由主义者了。"格里德本来强调的是环境的关系,结果回到了立场的问题。中国的自由主义,首先关心的并不是人的境遇和自由选择,而是关心中国应当如何使国家——其实就是政府——对它与个人的合法(契约)关系实行控制和干预;正是为此,确认宪政的价值,通过修宪而把个人和政府联结起来。在此之前,它对政府本身的正当性和合法性是不予考虑的。在人权——人的拯救——与党国的拯救发生矛盾时,宁可舍弃人权而维护党国。宪政的存在,对于自由主义——好政府主义者来说,其实是一个间接控制权力的装置,借以维持一如古代谏臣所谋求的那样一种君臣间的恰当关系,而不是作为君臣－君民关系的消解,确保各个臣民作为现代个人的存在的权利。别尔嘉耶夫在阐释俄罗斯思想时,感慨总结道:"自由主义在俄罗斯始终是薄弱的,我们从来没有获得过道德上有威望和鼓舞人心的自由主义思想体系,注意到这一点是很重要的。六十年代的自由主义改革家们当然是有意义的,然而,他们的自由主义,仅仅是实践性的、事务性的,常常打着官腔。它们并不具有俄罗斯知识分子永远需求的思想体系。"中国的情况,大抵也如此。

鲁迅是特异者。在新文化运动中,他始终是一个孤独的战士。虽然,他也曾参与《新青年》的编辑工作,为声援运动的先驱者而做过"遵命文学",但从来没有个人的圈子。他很少从事组织活动,很少做宣言似的文字,但也论战,论战时经常使用匕首般的短文,随感而发,很有点像古代的独行侠——就像他关于复仇的小说中的"黑色人"——的作风。然而,更多时候采用独语的方式,记叙着他的记忆和梦境。他是听从一个其实很空洞虚无的历史的指示——他笔下的过客听到的那个"前面的声音"——其实是内心的指示写作的。即使是这样一个惯于担负黑暗的重担的人,在他曾经寄予希望的运动一旦烟消云散之

后,也不能不深感彷徨:

> 后来《新青年》的团体散掉了,有的高升,有的退隐,有的前进,我又经验了一回同一战阵中的伙伴还是会这么变化,并且落得一个"作家"的头衔,依然在沙漠中走来走去,……新的战友在哪里呢?……"路漫漫其修远兮,吾将上下而求索"。

这种境遇,确乎损伤了他的内心,却使灵魂更加粗砺。集体溃散后的空缺,固然使个体变得孤独,但也可以因此获得前所未有的自由。他是撒旦的化身,不惮神的打击。且看他稍后记录的另一幅情景:仍然站在沙漠上,但看飞沙走石,乐则大笑,悲则大叫,愤则大骂,即使被沙砾打得遍身粗糙,头破血流,而时时抚摩身上的凝血,犹自喜欢这伤创的斑斓……

"五四"退潮之后,鲁迅以自己的方式,坚持自由、民主、科学的思想观念,从不考虑政党或者政府的立场,因为这是与五四无缘的。尤其是"宪政"之类的玩艺,由于它完全以现存的专制秩序为基础,所以什么"立法",都是旨在膨大和加强国家权力,限制和剥夺个体的一种政治建设,而非壮大民间社会的文化建设。他要破坏这偶像，破坏与官方利益相关的一切。在他那里，始终清楚地存在着一个身份问题，界限问题；从来不曾偏离作为一个民间知识者的边缘的立场，不致堕落到知识界自行设置的多元－宽容之网而放弃斗争，相反执著于战斗的一元态度。没有一元也就没有了多元。他所要的是"在场"，而不是自我逃逸——所谓"缺席的权利"。

对于鲁迅，权力和权力者是一生攻击的主要目标。他抗议他们赤裸裸的屠杀罪行，揭露独裁、专制、卖国，种种的欺骗性政策，嘲笑当局者的无知。他攻击传统文化，也主要是历代统治者所着意保留的部分，各种神圣的经典，万世一系的训谕，最恶辣的手段和最巧妙的戏法。譬如反孔，他反对的就是"现代中国的孔夫子"，而不仅仅是僵尸。他批判国民性，也都是为统治者所渗透所改造的改变中的性质。其实仍然是"治绩"。包括自我批判，他追踪"毒气"和"鬼气"至自己体内，因此必须割除与统治者有任何沾缠的东西，哪怕切肤之痛。这是一种彻底，一种五四式的"洁癖"。他坚持自由思想、自由写作的权利，而与权力者相周旋，原因就在于，权力者始终是自由、民主和科学的死敌。他抨击大批的知识界同行，尤其学者，甚至不惜在自己的周围树立"私敌"，都因为他们不同程度地为权力者及其意识形态所同化，从根本上背弃了五四的立场。在表达中间,他不避"褊狭"、"刻毒"的恶名,直击猛人、阔人、流氓,形形色色的小丑,捣毁"文明"的面具;然而,也不断变换笔名,使用反语,曲曲折折,吞吞吐吐。说到底,他要在已经被大量侵吞,而且将继续被侵吞的话语空间中,护卫自己的独立性;在夹缝中左冲右突,亦惟在伸张内心的自由而已。他是弱势者,独战者,是后五四时期的唐吉诃德。

关于启蒙,五四以后不断遭到来自知识分子的攻讦。他们认为,知识分子实在只配关心知识专业问题;什么启蒙,都是狂妄的表现,一种自我扩张的行为,甚至是反角色的。于是,他们叫嚷回到知识分子自身。但是,鲁迅不然,他站在广大的哑默中间,却无时不感到权力的压迫,无时不觉得有一股黑暗之流贯穿自身,从而产生本能的反弹和对抗。他无法与一个专制社会安然相守,因为诉诸痛觉的现实的东西是那般巨大、深刻和尖锐。在压力面前,当被压迫者不能已于言时,其话语形态一定是不平的,阴郁的,反拨的,击刺的,动荡的,粗犷的。他就是这样。世上有所谓恬静的、精致的、旷达的、隽逸的、典雅的话语,在他看来显然是一种变态,一种卑怯的风格。

当革命或者救亡成为一种主体话语的时候,启蒙是否成为必要?如何启蒙?启蒙是否有可能深入目标明确的群众性运动,并产生持久性影响?至少,从鲁迅的身上可以看到,无论环境如何迁流,他仍然坚持作为一个启蒙战士的立场。对于一些革命论者提出的关于他的思想"突变"之说,他是不以为然的,甚至是反感的。1935年,日本侵略军攻占我国东北,民族存亡迫在眉睫,这时,左联领导人周扬提出"国防文学"的口号,以使文学有一个"统一"的主题。在这个口号已经在文艺界产生很大影响的情况下,鲁迅却支持胡风提出另一个口号:"民族革命战争的大众文学"。长期以来,文学界一直把"两个口号"之争看成是宗派主义之争,或者无谓的纠缠,其实不然。由于"国防"这个概念容易产生障蔽,"国防"也可以成为政府的一个代名词,"一切通过国防",通过国防的最高机构,最高统帅,这是鲁迅所不愿意认同的。救亡是大众的,这是他的思想。民族问题往往掩盖阶级压迫问题。战争需要一种集中强化的群体形式,这是专制政治的最好保证;正如齐美尔指出的,外部冲突将使群体的内聚力和中央集权得到加强。因此,民族主义的宣扬永远是有利于统治者的,尤其在战争时期。"与其做外国人的奴隶,倒不如做本国人的奴隶好",这就是当时流行的民族主义论调的内核。问题是必须从根本上改变奴隶的命运,而不问主人是谁。因此,鲁迅强调"大众"在民族战争中的主体地位，其实质仍然是一个民主性问题。民主思想，是五四的遗产。在国民党通过杀戮夺取国家政权之后，鲁迅倾向于同情共产党，这是人道主义的一种自然的延伸。但是，上海文化界的共产党人拒绝了他。革命是什么呢？他继续着从留日时期以来关于这个问题的痛苦的思考。革命有可能从反对一种霸权过渡到形成另一种霸权。在与这些共产党人的论争中，鲁迅明确地表示他对他们的不信任态度，强调说："革命是并非教人死，而是教人活的。"他把革命同人的生存权，自由权，也即人权联系起来，注重的是政治中的人性。后来他加入左联，本意是支持进步的文学青年，乐于被青年——青年是五四的标志——所利用；结果悖论般地遭到来自左联的领导核心、党组书记周扬及所谓"四条汉子"的打击。这时，"奴隶"，在鲁迅的文本中再度成为一个被反复使用的中心性字眼。从本来意义上说，革命就是奴隶解放运动。奴隶的背面是人，解放奴隶就是"立人"。无论何种革命，它所以成为必要就在于确立人作为独立的价值主体和利益主体。鲁迅正是带着"立人"的不改的初衷，加入五四文化启蒙运动中去的。他说过，他有过受骗的经验：在民元革命以前，他是奴隶，革命以后变成奴隶的奴隶了。不料辗转而至无产阶级"革命营垒内部"，居然还会如此！

正如陈独秀组党以实现社会革命,终于进入一个控制之网一样,胡适也因宪政主义计划而将自由主义倒押在政权的保护之下,终于丧失自由。两人一生的活动都同权力—组织密切相关。惟鲁迅从来不曾加入党派组织,对政治权力也是取对立态度的。他固然"不愿意在有权者的刀下,颂扬他的威权",但也深恶那些"手执皮鞭"的"革命的大人物",而终至于夺他们的鞭子。然而,就处境而言,他是一直没有自由的。

"寂寞新文苑,平安旧战场。"活跃在五四运动前沿的其他人物如何呢?1930年,鲁迅重返北京,感慨万端:"旧朋友是变化多端,几乎不剩一个了。"而"昔之称为战士者,今已蓄意险仄,或则气息奄奄,甚至举止言语,皆非常庸鄙可笑,与为伍则难堪,与战斗则不得,归根结蒂,令人如陷泥坑中。"不到十年,一个旨在推动社会革命的启蒙运动,结果为社会革命所淹没。由于缺乏足够的后援力量,特别是知识者的精神气质和人格力量,运动不但在短期内无法为继,即在二十世纪,长达数十年间也未曾兴起类似的波澜。伯林说的"积极自由"和"消极自由",都为启蒙的先驱者们分别争取过,捍卫过,结果所得到的惟有鲁迅所称的"伪自由"。格里德对欧洲和中国的启蒙人物作过这样的比较,他说:"十八世纪的欧洲和二十世纪前半叶的中国是大不相同的。启蒙哲学家所进入的是一个与他们的目标十分相宜的环境,而他们的中国模仿者却没有这么好的命运。盖伊告诉我们,启蒙哲学家'向之讲道的欧洲,是一个已做好了一半准备来听他们讲道的欧洲……他们所进行的战争是一场在他们参战之前已取得了一半胜利的战争。'就二三十年代自由主义的中国知识分子来说,这个精妙的判断却是不适用的。……当他们在五四时代精神的鼓舞下勇猛向前的时候,他们所寻求的胜利很近了,然而,当他们退却的时候,胜利却又随之远去。一个世代以后,死亡,革命,把他们的队伍缩小了。"卢梭等人的思想引发了法国大革命,倒过来,法国大革命扩大了这些启蒙思想家的影响。五四不同,它的追求一直没有结果,而革命的发生,尤其是统一的"党国"的建立,则基本上消灭了植根于知识分子之中的自由、民主、人权的五四意识形态。鲁迅总结道:"北京学界,此前固有其光荣,即五四运动的策动。现在虽还有历史上的光辉,但当时的战士,却'功成,名遂,身退'者有之,'身隐'者有之,'身升'者更有之,好好的一场恶斗,几乎令人有'若要官,杀人放火受招安'之感"。

经历过种种风波,可以理解一位启蒙老战士的内心的怆痛。

价值领域中的诸神斗争

在二十世纪二十年代，列宁主义和苏共制度对中国国共两党均起着支配的作用。1927年，蒋介石背弃"国共合作"，以大规模的屠杀清除异己，糅合苏联的党治经验和传统的帝王霸术，推行"一党专政"、"以党治国"。党的领袖统领军队，支配全党乃至全国；党和政府密不可分，从中央到各级党部，凌驾于政府之上，通过政权把它的组织和影响力渗透到社会各个领域。过去曾经发动和组织群众团体支持国民革命，而现在对于游行示威、学生运动和群众集会等等，则必须有效地加以控制和禁止了。蒋介石公开宣称："以后各社会团体一定要养成党化、军队化的习惯"，"谋中国人思想统一"。他提出"一个主义"、"一个政党"的口号，扬言"再不许有第二个思想，来扰乱中国"。还强调说，必要时"就得于人民集会、结社、言论、出版等自由，在法律范围内加以限制"。南京政权首创中国新闻审查制度，三十年代对书刊审查愈加严厉；此外，通过行政手段，使党的意识形态社会化，以抵御其他思想及意识形态对权力中心的威胁。

作为政治家，"国父"孙中山对五四新文化运动的现代意义便缺乏认识，只是就如何利用知识分子和群众力量方面作权宜的考虑。五四事件后,他曾写信给北大校长蒋梦麟,要他"率领二千子弟,助我革命",也即要求他们脱离独立的文化批判立场,转化为党性立场。新文化运动中的全面反传统的态度,是他所不能接受的。他跟共产国际代表马林说,他的革命思想的基础,是由孔子集大成的中国"道统"。他认为,中国人的自由已经很充分了,构成了对国家和民族的祸害。欧洲是因为没有自由而革命,中国则相反,是自由太多,所以要革命。他认为中国所有的是坚固的家族和宗教团体,而没有民族团体,缺乏国家观念,所以强调国家的自由,整体的自由,而主张限制和牺牲个人的自由,甚至说:"中国人用不着自由!"他对卢梭的天赋人权论,以及法国大革命持基本否定态度,认为法国大革命是为个人争取自由的,与他的旨在争取民族自由的自由思想并不一致。以这样一种政治哲学作为基础的"三民主义",与五四精神是相去很远的。自由首先是个人的自由,如果民主不是有意识地与个人自由联系到一起,便势必沦为独裁统治的牺牲品。蒋介石借助孙中山的名义上台,在孙中山故世之后,仍然打着三民主义的理论旗帜,实际上坚持的是其中的权威主义－国家主义的内容,以此强化对党和领袖个人的向心力。他无限期延长国民党政纲所规定的"训政"阶段而延缓"宪政"建设、民主改革，目的仍在于将中国置于极权主义的铁掌之下。

如果把五四运动看作是一个"自维生"组织，作为一个开放系统，它已经不可能从外部环境连续输入自由能和输出熵了。这时候，党化的环境切断了交换的渠道，非平衡态无法维持，代谢反应消失，自我更新中止。从国民革命到"党国"的建成，就是新文化运动从开放到闭合的过程。正如雅斯贝斯在《历史的起源和目标》中指出的："在自由条件下必须有几个党，至少有两个。从概念上及语义上，党派只意味着一个部分。在自由条件下，一个党无疑要求一党执政。但一党要求独裁主义，是与自由相抵触的。它的胜利就意味着自由的结束。"

严格说起来，国民党政权只是形式上统一中国，各地军阀仍然纷争不已，在政治上不能说是稳定的。五四新文化运动造成的自由精神的氛围，在短时期内未及消失。思想文化界的各种论争，依照知识者的特质和惯性，在专制政权的有限度的容忍之下继续进行。

可是，比起五四时期，后来的论争好像已不复具有那种主题的纯粹性和个人的独立性，而是带上浓郁的政治色彩，与当时的政治斗争产生相当密切的联系。论战的双方因为存在党派的背景，而分别代表了各自的政治利益。有一个很清楚的倾向是：代表五四的科学民主思想的力量，在论争中受到压制和削弱，也就是说，反对新文化新思想的势力逐渐增强。

1923年2月，张君劢在清华大学作关于人生哲学的讲话，引起丁文江等一批知识者和科学家的激烈的批评反应，由此展开了长达一年多的"科学与人生观"论战。论战结束后，出版了《科学与人生观》论文集，胡适为之作序，此事被称作中国与西方文化接触三十年以来的第一次学术大论战。张君劢接受梁启超和梁漱溟的影响，认为孔孟以迄宋明的理学侧重内心修养，成就了中国的精神文明，他给予其高度评价。同时又认为，科学解决人生观是无能为力的，它没有精神价值，只能导致人生的机械化。不能说张君劢的命题没有一定的启发性，如注重生命本体，注重精神，以及科学的有限性等；但是，由于他使用梁启超的"中国精神文明，西方物质文明"的二分法，而又坚持精神优于物质，因此其实质是否定科学化－现代化的必要性。在论战中，有的科学家支持"科学的人生观"，而不同意"人生观的科学"的提法，这与胡适等人对科学的态度是不同的。文化运动的领袖对科学持一种人文主义的理解，一种哲学的理解；但是，由于"科学"的概念涵盖面大，这种力倡科学的态度往往被概括为"科学主义"或"唯科学主义"。其实,这种态度的着眼点并不在科学本身,而是利用科学,对全社会进行包括民众文化心理、思维方式的改造。

这场论争表面上看起来,好像科学派大获全胜,实际上并非如此。正如美国学者费侠莉所观察到的,首先从中国的知识舞台上隐退的是科学派,他们的进化自然论在二十年代末败给了马克思主义。人生观派是暂时的退守,等到三十年代后期兴起了"中国文化本位"与"全盘西化"之争时,他们就又从传统文化的掩体中跑出来了。

二十年代末到三十年代初,发生了一次更大规模的学术性论战,就是关于中国社会性质的论战。论战最早由陶希圣发表的《中国社会之史的分析》引起,但是紧接着,就在国共之间,中共与"托派",左派与右派,以及不属任何派别的人物之间广泛展开。论战的焦点是:中国社会究竟是资本主义社会还是封建主义社会?哪一个占优势?其性质及发展情势如何?中国历史阶段如何划分?关于中国国情,可以提供哪些具体的历史实证材料?等等。由于论争趋于政治化,结果徒有其表,学术成就不大。即使论争的各方在名目上自称从中国的现状和历史出发,实际上没有回到现实和历史那里去。论战从总体上体现为教条式、学院式，有的简直讨论伪问题。如果要说实绩，当是马克思主义对众多学科的全面进入；但是这种进入，排除了发掘其他思想资源的必要性和可能性，从而在价值观和方法论方面导向单一化。

三十年代以后，蒋介石的个人势力不断增长。1932年秋，蒋介石在庐山军事领导人会议上号召恢复革命时代的战斗热情，得到众多追随者的热烈响应。他们提出中国有必要像德国等国家那样，建立一个强有力的独裁政府，加强政治控制。同年，希特勒在取缔和解散其他政党之后，随即颁布《禁止组织新政党法》，在德国确立一党制；同年还颁布了《党和国家统一法》，进一步确立纳粹党的绝对地位。纳粹提出"一个国家，一个民族，一个领袖"的口号，使德国很快演变成一个"领袖国家"。在国民党中国，除了两广的一个集团尚未与中央保持一致之外，其他各大政治派系对纳粹主义的反应良好。

其实，有关独裁问题，在知识界也以非常明确的方式提了出来。中国的知识分子同样有一种极化现象，或者趋于集权，或者趋于民主。对他们来说，国家民族至上的观念是根深蒂固的，二十世纪初年，便曾经一度流行"开明专制"的观点；五四的冲击，也未能使之稍减，哪怕是长期留学欧美的学生。如读过哈佛大学的政治学专家钱端升,即大肆鼓吹仿效欧洲的极权主义,1934年公开表态拥护极权政府,一种"有能力,有理想的独裁",说:纳粹主义的胜利,法西斯主义在意大利和共产主义在苏联的胜利,都给民主以致命的打击,民主的弱点已暴露无遗。他的观点,得到留美的哥伦比亚大学哲学博士陈之迈的赞同。陈之迈承认,在"当前形势"下,一个集权政府更加合适,更富有效能。丁文江则倡导一种"新式的独裁";所谓新式,无非增加一点专家型人材的条件。他承认,"目前的中国这种独裁还是不可能的。但是我们大家应该努力使它于最短期内变为可能。放弃民主政治的主张就是这种努力的第一个步骤。"以打倒民主作为政治代价,完全是对五四的颠覆。清华大学历史学家蒋廷黻提供的是一种独特、以现代欧洲早期国家为模型的中央集权独裁政体,途径是"办实事"。他明确表示,"谁办了实事,我们就支持、崇拜谁。"甚至公开表示不满意现实政治中的数十人的专制,主张拿一个"大专制"来取消"小专制"。地质学博士翁文灏呼吁科学家与政府携手,为政府能履行其责任提供帮助。早在1926年,傅斯年便说,希望中国出现一位有能力的"独裁者","他将把秩序与文明强加给我们"。迟至1936年,罗家伦选定希特勒著《我之奋斗》为商务印书馆的"星期标准书",并作序云:"希特拉之崛起于德国，在近代史上为一大奇迹。"他们两人同为《新潮》人物，五四学生运动的悍将；当时著名的《北京全体学界通告》，即出自罗家伦之手。

曾几何时，风云色变。所有被后来的学者称作"自由知识分子"的，几乎都跑到拥护独裁的合唱团里去了。剩下胡适在唱独脚戏，后来多出一个配角，就是新月的老伙伴罗隆基。胡适认为，首先得有一个"共同的政治信仰"，就是以"政治"而非"暴力"的手段解决国内问题。"满清的颠覆，当然不是武力之功，当然是一种思想潮流的力量。袁世凯帝制的推翻，也不是武力之功，也是一种新'意态'的力量。"他说，"这一类的新意态不是武力能够永久压服的。在今日这些新意态已成不可无视的力量的时代，独裁绝不是统一政权的方法。"所谓"新意态"，其实就是"五四"的推动力，胡适得以重温文化运动的旧梦了。罗隆基发表的文章题为《我们要什么样的政治制度？》，声明站在"国家论"的立场上，从根本上反对独裁制度："独裁制度是和平、安宁、秩序、公道的破坏者"；"无论在开明或黑暗的独裁制度下，它最大仇人是思想自由。独裁制第一步工作，即在用一个模型，重新铸造国人的头脑，这就是思想统一运动"。独裁制的结果，是使"国民成为绝无思想的机械"，所以，他主张从"党高于国""党权高于国权"那里收回"国民的政权"。总之,"我们是绝对的反对独裁制度。我们反对永久的独裁制度,我们亦反对暂时的独裁制度。我们反对任何党所主张的独裁制度。我们反对任何人所解释的独裁制度。"

"党天下",正是罗隆基在本文首创的一个语词。后来,储安平以此而名惊海内,只是借用而已。关于政党,著名社会学家韦伯在其名著《经济与社会》中做过深入的分析,否认用以表明竞争性的自发政治活动的"政党"与用来形容铁板一块的统一的"政党"有任何相同之处。李普塞特在《一致与冲突》中这样描述这种党政合一的极权主义政体:"铁板一块的政体不鼓励公民对体制和在职官员作出区分。公民们易于把政体与个别领导人的政策相提并论,一些掌权者自然而然地利用对国家的忠诚来为自己获取支持。在这种社会里,任何对政治领导人或对主要政党的抨击都很容易被当成攻击政治制度本身的炸弹。有关具体政策或具体义务的争论,很快便会提出制度存亡的根本性问题。"一党专政,也即党政合一的政体形式,把君主制和共和制在时间上的接续,放在同一空间中叠合,以"现代性"掩蔽其传统的反动性质。美国学者柯伟林在回顾中国三十年代这场论争时,以极简明的线条勾画了总体的轮廓:这些知识分子言论反映了一种思想氛围,在这种氛围里提出的中心问题,已非"是否实行独裁",而是"实行什么样的独裁"了。

有意思的是,独裁派和民主派双方,原来信奉的都是"好政府主义"。论争是温和的,是在保证现存的政治框架的前提下进行的;胡适持解释的态度,而丁文江们也不见得奉旨行事,毕竟是"贾府"内部的问题。在知识分子群体中,没有抗议的声音。大约也正是为此,柯伟林说胡适的反驳是无力的,"极其脆弱"的。虽然法西斯主义运动并未因此发展起来,没有建立起一个相应的意识形态体系,但是一党专政的独裁性质依然存在;而蒋介石个人,也始终不曾放弃他的"领袖原则",直至接受总裁的头衔。

至于知识界,拥护独裁的嚣声刚刚沉落,至四十年代初,又在一个叫作《战国策》的杂志那里散播出来。有教授者流,即所谓"战国策派",大谈"学理",断言历史已经回复到古代战国时期。"列国阶段"存在着两大潮流:个性焕发的潮流与国命整合的潮流,而以后者为主导,最后进入大一统的帝国阶段。由于时代的主流是增强国力,强化全能国家,因此民主政治是理应废弃的。他们批评五四运动,就因为其中的个性解放潮流,使中国丧失了凝聚力；所以必须拨乱反正，使自由个体皈依国家。比起三十年代的独裁派，这种论调实在毫无新意，只是多出一点哲学文化的油彩而已。

如此旷日持久的论争，不禁令人想起伯恩斯《领袖论》里的一段话："权力与自由是对立的，事实上，权力天生就要捕食自由。权力与自由二者均为合法，不过，正如伯纳德·贝德所说，它们的活动范围先天性地相牴牾，'一个是粗暴，不停地活动，毫无顾忌；一个是谨慎，被动，而且敏感。'麦迪逊指出，欧洲自由宪章已被权力所认可，而美国的权力宪章却被自由认可。"而中国，连像样的"宪章"这东西也没有。

从五四到三四十年代，无论是科学与玄学之争或是独裁与民主之争，始终没有脱离五四的基本命题。这些争论，固然有各种形式之争，包括程序和手段的差异，但主要是价值观念的冲突，用韦伯的概念，就是"价值领域中的诸神斗争"。在诸多价值观念中，传统与现代、东方与西方的冲突是最基本的。三十年代中期发生的"本位文化"论与"全盘西化"论之争，以文化的容含性，可以看作是前期诸多论争的一个汇合。比起启蒙的先驱，"全盘西化"论者带有明显的学术性倾向；他们以深远的目光，明澈的头脑,挑战的勇气和充分的信心出现在倾斜的舞台上。但是,他们人数太少,由于缺乏物质性力量的结合,而使固有的理论优势大大削弱,终于陷落在传统势力的重重包围之中。就像彗星一闪而过,除了天文图谱上记下悲剧般的短暂的光辉,我们再也找不到它遗下的痕迹。

1935年1月,陶希圣等十位大学教授发表《中国本位的文化建设宣言》,又称"一十宣言"。宣言声称中华民族在外来文化的冲击下已经失去存在的依据,因此,"要使中国能在文化的领域中抬头,要使中国的政治、社会和思想都具有中国的特征,必须从事于中国本位的文化建设"。鉴于这种文化本位思想,必然对"以解放思想束缚为中心"的五四文化运动实行颠覆。对于欧美文化,宣言承认吸收"是必要而且应该的",但是反对"全盘承受的态度";吸收的标准,则明确表示"决定于现代中国的需要"。宣言说:"中国是既要有自我认识,也要有世界的眼光,既要有不闭关自守的度量,也要有不盲目模仿的决心。这认识才算得深切的认识。"客观,全面,无懈可击。实际上,由于强调"中国本位",西方文化思想的引进就是先定的,预设的,有限制的。什么"现代中国",其实就是中国政府;其对西方文化的选择,只能以国家——实质上是上层既得利益者——为主体,而不可能立足于国民个体。一种具有自由品格的文化,对于失去自由个体的民族而言是没有任何价值的。所以,强调特殊国情,固守本位文化,是抵御和延缓专制政体走向解体的根本措施。宣言的发起人以学术文化掌门人的身份出现,其实都有着政党的背景,是"党治文化"的拥护者。陈立夫出出进进,几次介入由宣言引发的文化建设问题的大讨论,并非出于纯学术的兴趣,是显而易见的。

由于五四反传统的整体性与彻底性,使得传统文化的保守主义者在坚持其固有立场的时候,不得不退让半步,接纳西学作为工具,借以披饰传统思想,于是,从此有了所谓"新传统主义者"之称。单看这名目,就知道五四是建立了功绩的,容不得抹杀。然而,他们正是借了五四创造的条件,化中为西,反过来攻击西方文化,包括"五四"本身。早在《新青年》点燃启蒙之火时,杜亚泉及其《东方杂志》派与之对峙,就开始批判西方文明,以及新文化运动的西化倾向。梁启超以巴黎和会观察员身份旅欧,归国以后,发表《欧游心影录》,大力宣传西方科学文明的破灭和东方精神文明的优越,高叫打破"现代化万能之梦",一度引起轰动。梁漱溟出版《东西文化及其哲学》的著作,以儒家的人生理念批判西方近代科学理性,力倡"回归"儒家文化,"根本改造"西洋文化,预言"世界未来文化就是中国文化的复兴"。然而,他们的徒众愈来愈少,后来也就不复为人们感到兴趣了。大约在他们仿效先辈,"拉车屁股向后"的时候,大家发现了那打在臀部的鲜明的封建纹章的罢?代之而起的,被叫作"新儒家"。据说这一概念,是在张君劢出版其英文著作《新儒家》之后才变得通用起来的,但是范围并不严格。在这里,主要是指活跃在三四十年代的一群学者,代表人物有熊十力、张君劢、冯友兰、贺麟、钱穆等。面对中国的变局,这批人物怀有一种深重的危机感,于是决心投入民族文化的重建工作。他们把哲学视作文化的内核,着意择取最富于民族文化特点和伦理精神象征的宋明道学作为材料,利用西方哲学的学术语言,建构新的价值体系,以求从根本上影响和改造民族生活,"上追先哲之精神,翼吾族类,庶几免于危亡。"不论他们的哲学路向有着怎样的不同,也不论他们是否参与了文化建设问题的大论战,反对"全盘西化"和维护传统文化的基本立场是一致的,都是"儒"。熊十力把当时中国的历史境遇比作五代时期,因受佛教的冲击而陷于分裂,因此,他提出必须学习宋儒,使民族精神团聚在孔孟的道统中。冯友兰论证"中体西用"时说,中国宁可在现代化的道路上走得慢一些,也要维护传统的立国精神。针对"全盘西化",贺麟提出

"全盘化西"的主张,所谓"以儒家思想为体,以西洋文化为用",极力阐扬以臣民对国家的绝对义务为核心的新三纲五常。可见,现代中国的传统思想势力是十分雄厚的;在清静虚玄的形而上境地里,竟然充塞着如此陈腐呛人的气息!

早在五四时期,通过启蒙,通过东西方文化论争,相关的观点已经表达无遗,学习西方成了一种共识。鲁迅说:"中国的精神文明,早被枪炮打败了,经过了许多经验,已经要证明所有的还是一无所有。……人必须从此有记性,观四向而听八方,将先前一切自欺欺人的希望之谈全都扫除,将无论是谁的自欺欺人的伪面全都撕掉,将无论是谁的自欺欺人的手段全都排斥,总而言之,就是将华夏传统的所有小巧的玩意儿全都放掉,倒去屈尊学学枪击我们的洋鬼子,这才可望有新的希望的萌芽。"然而中国人健忘,事情又正如鲁迅所说,中国的改革往往反复,多年的沉滓只要被搅拌一下就又泛起来了。在"一十宣言"发表之际,当年扫荡旧物大呼猛进的人物如陈独秀,已在国民党狱中;鲁迅自是坚持原来的激进立场,却是独立卓行,不为别的人为的运动所羁;惟余胡适一人正面应战。关于东西方文化,胡适曾经说过,在早期与梁漱溟等人的论争中,便已发现了一种"全新的态度"。这种态度就是:"一方面公开地承认我们自身的弱点,东方文化中所有的糟粕;而另一方面又以一种坦诚的态度来真正理解西方文明的不仅是物质繁荣而且是精神的实质。"在政治上,胡适是一个保守主义者,在文化观方面却显得相当激进。他否定东方有所谓"精神文明",亵渎东方式的"深沉智慧",认为是对人类正当的精神需求的压抑、阻挠和禁锢。在文化问题上,他反对诸如"选择性现代化"的折衷态度,主张"全盘西化"。他说,"我们必须承认我们自己百事不如人","肯认错了,方才肯死心塌地的去学人家。"他公开著文批驳"本位文化"论,指出中国的问题不在于"中国本位"的摇坠,而在旧文化的惰性太大。所以,中国应当虚心接受世界文化,与之自由交流,以促进传统文化的变革。但是,他到底给论敌留下了缺口,在《充分世界化与全盘西化》一文中,他提出以笨拙的"充分世界化"代替原先的"全盘西化"的说法,原因是后者惹出"许多吹毛求疵的争论"。他承认,"全盘西化"从量的角度看不易实现,并且文明就其本性而言是保守的。

在胡适的后面,是一个年轻的顽强的狙击手:陈序经。这位来自南蛮之地的战士,挑起"全盘西化"的旗帜,荷戟叫阵,不挂盔甲,同来自多个方面的论敌交锋。他不但批判了辜鸿铭和梁漱溟等的复古主张、折衷主义的几大派别，而且，对陈独秀和胡适的全盘西化的不彻底性也提出了批评，说胡适的文化主张实际上是调和折中派的一个支流。他认为，文化的差异，其真正的意义是时间的差异。西洋文化，是新的文化，现代世界的文化。世界任何一国都是朝向这种文化，采纳这种文化，没有哪一个进步的国家是例外的。可是，中国的文化，无论是在时间上或是空间上，所谓发展不外是死板的延长和放大，决无改变的可能性，更不用说进步了。他援引黑格尔的话说："过去的中国，就是现在的中国，而现在的中国，也就是过去的中国。"从东西文化接触以后的事实、发展的趋势和目前的需要来看，中国是不能不整个地全盘西化的。要彻底的全盘西化，除非彻底打破中国的传统思想的垄断，解放个性，发展个性，提倡作为西方近代文化的主力的个人主义。但是，我们没有痛定思痛去变换态度。对于西洋文化，外来东西，我们从来是蔑视排挤以致趋于畏惧的。回顾西化的全部历史，错误就在于迟疑不决的态度上面。至此，他进一步引用俾斯麦的判断：中国和日本竞争，日本必胜，中国必败，因为日本到欧洲来的人，讨论各种学术，讲求政治原理，谋回国做根本的改造；中国人到欧洲只问某厂的船炮造得如何，价值如何，买回去就算完事。他以印第安人和美国黑人的命运做比较，说："一个中国人不愿去接受现代趋势的西洋文化,而要保留过去的文化,从一个旁观者来看起来,他必定说道:其异于奴隶者几希?"

然而,"全盘西化"要实施起来实在太难,而作为一种理论,在已有几千年文化传统的国度里传播,也如跟奴隶讲说期货交易或者环球旅行一样,几乎是不可能的。美国学者施瓦支指出,"破坏"和"危险",这是西欧和中国的启蒙先驱受到的共同责难;但是,中国的启蒙者还多出一个罪名,就是"非中国化"。在讲究忠孝的人们看来,这是大逆不道的。对于文化,从来存在两种不同的认识态度:一种是受进化史观的影响,侧重于历时性的文化变迁,因此承认文化有先后优劣之分;另一种是相对主义的,共时性的,重在不同文化类型的区别。站在变革的立场上,大抵取前一种态度。"全盘西化",就是承认西方文化从观念到制度的先进性。艾森斯塔德在其著作中这样描述现代化的轨迹:"现代化是社会、经济、政治体制向现代类型变迁的过程。它从十七世纪至十九世纪形成于西欧和北美,而后扩及其他欧洲国家,并在十九世纪和二十世纪传入南美、亚洲和非洲大陆。"西方是现代化的起点,原点;所谓"西化",就是现代化。这是一个事实。波普说:"我相信,尽管有我们可以十分正当地挑剔的一切缺点，西方文明却是整个人类历史中我们所曾知道的所有文明中最自由、最公正、最人道主义的最好的文明。它所以最好，是因为它具有最大的改进能力。"这也是事实。"全盘西化"所以不同于"文化殖民"，是因为后者的主体是"文化帝国主义"，它是带侵略性的，支配的，控制的；对于殖民国家来说，相反则是被动的，被支配和被控制的。在五四人物那里，西方的东西都是"拿来"的，而不是被迫接受别人硬塞进来的东西，如清廷的统治者对待英国的鸦片和炮弹一样。在这里，侵略与非侵略带有划界的意义，决定了政治－文化革新运动的性质。其实，"西化"之西，也只能是部分之西。譬如政制，是英式的立宪，还是美式的共和？譬如主义，是自由主义，抑或社会主义？即以社会主义论，是欧文们的空想社会主义？费边社会主义？还是希特勒的国家社会主义？因此，在"西化"过程中，也就势必要在众多的，其中包括互相牴牾的思想学说和文化制度中进行分析、研究和选择。这个选择的过程，也就是"化西"的过程。由于不同民族的诸多因素的作用，在文化移植的过程中，必然产生变异。所谓"南橘北枳"，这在生物界是一个公理，文化变迁亦然。批判即选择，它是隐含在变异之内的。这样，说到底还是"中体西用"。问题是保守主义者打出"中体西用"

的口号而又要反对"全盘西化",实质上是拒绝充分"用西",以保持原来的一成不变的"中体"。恰恰相反,"全盘西化"论者的目的,则是要改变这"中体"。在这里,弄清楚理想、手段和事实的关系是重要的。因为正是要变革文化主体,"全盘西化"才作为对抗传统文化霸权的口号被提了出来。由于"西化"是一个选择过程,因此"全盘"根本不可能实现;但所以仍然要坚持"全盘西化"者,要而言之,乃是一种态度而已。

自然与人类社会本身带有互相制衡的性质,也即折中的性质。但是,当事物之间出现冲突时,这种不平衡现象,往往不能以"中庸"之道克服之。相反,不是加强弱势以对抗强势,便是削减强势以缓冲弱势,才能维持固有的均衡。但是,强势者是少有自弱的,迫不得已时,则采取"维持范式"策略,于是激进主义的实行也就变得势不可免。"全盘西化",作为事实的无效性和作为口号的必要性就在这里。

恩格斯说:"无论什么地方,从印度起到俄国止,凡是古代村社习俗还保存的地方,这种习俗便做了数千年来最横暴的东方专制政体的基础。"但是,当中国帝王仍然封闭自己,把改革局限在天文历算和器物制造上面时,俄国彼得大帝已在强制推行全面的向西欧学习的政策。俄国在十八世纪有一个积极鼓吹西欧民主共和制度的启蒙知识分子群,而且,这种启蒙工作一直未曾中断。恰达耶夫——别尔嘉耶夫说俄国知识分子传统从他这里开始——猛烈抨击一种无所不在的"爱国主义",他指出,正是那种"爱国主义将国家引到了毁灭的边缘"。他所以高度评价彼得大帝,也就因为他首先教导俄国人不要偏袒自己,不要死憋在自己的历史中。他赞扬道:"正是他,使我们摆脱了所有这些历史的残余,这些残余充斥着历史社会的生活,阻碍了社会的运动;他用人们中间存在着的那些伟大、壮丽的思想开启了我们的智慧;他把我们完全转交给了西方,一如时代将他转交给了西方一样,并将西方所有的历史交给我们作为历史,将西方所有的未来交给我们作了未来。……彼得大帝在自己家中找到的,仅仅是一张白纸,他用他那只有力的手在那张白纸上写下了两个词:欧洲和西方;从那时起,我们便属于欧洲和西方了。"俄国的马克思主义者都是坚定的西欧派人物。普列汉诺夫说:马克思主义者以"西欧主义"的责难为自豪,"因为所有那些在我国智力发展史上曾经留下最良好影响的遗迹的优秀的俄罗斯人,都是坚决的和无条件的西欧主义者。"列宁肯定欧洲派那种对中世纪的一切东西所采取的"绝对敌视态度";对于启蒙者,他提出其主要特点之一是"热烈地主张教育、自治和整个俄国全盘欧化",而马克思的俄国学生"不仅能够而且应当全部地接受启蒙者的遗产"。

但是,在当时中国的"党国"中,并不具备像俄国那样的向西方开放的气魄阔大的政治人物,也不具备像俄国那样"被派向全人类"的富于使命感的知识分子,他们是被伟大的同一种俄罗斯民族精神所孕育所充实的。三十年代中国的东西文化论争,在主张有选择地迎受西方文化,实现传统文化的转化,批判"全盘西化"的喧嚣声中收场。论争"一边倒"的情况表明,五四的余波渐渐歇止;一个全面反传统的现代性行动,在知识分子队伍中间,尤其在精神的内部联系中间,正在走向死亡。

二十年代中后期,随着文化运动的退潮,中国进入政党和政治强人的霸权时代。在党国之上,蒋介石一手加强政治控制,一手致力于思想统制工作。他把"三民主义"确立为全国的"中心思想",宣称"思想统一,比什么都要紧"。在党内,他强调党的纪律,说:"党要我们生,我们就可以生;党要我们死,我们就要去死";"党员所有的一切都要交给党,交给领袖";"党员要有服从性,不能有一点自由"。在党外,宣扬爱国主义,领袖崇拜。1934年,他亲自发动"新生活运动",将国民党的政党文化社会化。他规定运动的目标是"改革社会,保国保种",必须"使全国公民的生活彻底军事化";对于"公民",则强调以德国和意大利为"卓越榜样",结合儒教传统的"礼义廉耻"教育,使之按照义务行事,遵守社会秩序和集体法规,履行其对国家的职责。在1938年3月召开的临时全国代表大会上,蒋介石仿效纳粹的做法,公开提出"一个主义,一个政府,一个领袖"的口号。1940年初发表《中国之命运》,说"今日的中国,没有了中国国民党,那就是没有了中国。"标志着国民党一党独裁,已经进入它的巅峰状态。

在蒋介石的党化宣传中,爱国主义是一个中心内容。再没有什么语汇比"国家"和"人民"更能够让大家获得那种利益分享的愉快了。蒋介石的"爱国主义"是什么呢?那是国家主义、法西斯主义与儒家大一统思想,以及一整套封建伦理观念的结合。韦伯说:"国家本身不具有内在的价值,它只是实现其他的价值的一个纯粹的技术性工具,国家惟有从这些其他价值中取得它自身的价值,而且只有当国家不追求超越它的这个仅仅是辅助性的地位时,它才能保留它的这种价值。"在和平时期,"爱国主义"的提倡,只能有利于权力者或最高权力者,因为国家权力在其中代表了"最终的"价值。但是它不可能给人民带来任何好处，反而因为概念自身的含混性，容易唤起他们关于幸福的幻觉，在国家的祥光之下，模糊、忽略，以致放弃个人权利的追问，和争取这权利以及与此相关的所有合法权益的斗争。

中国共产党正是在被剥夺了存在的合法权利的情况下，从艰难曲折中走过来的。四十年代的延安时期，是一个相对稳定、发展和壮大的时期。在这个西北偏僻的小镇里，刚刚上升至党内领袖地位的毛泽东，成功地领导并完成了两大运动：大生产运动和整风运动。通过整风——"抢救运动"是其中的一段插曲——这样一种带有首创意义的群众性运动，结合严密的组织措施，把全党全军和个体知识分子统一到以毛泽东的名字命名的主流意识形态，即中国化了的马克思主义之中。当时，全国正处在抗战阶段。毛泽东的讲话和文章，在阶级论的内容中，增加了比以往更为浓厚的民族色彩。当蒋介石发表《中国之命运》，大肆宣扬其爱国主义——独裁主义时，毛泽东阐述的是民主主义，一种独具特色的政治哲学。他有一个总结性的著作，就叫《新民主主义论》。在论著中，他把民主主义分为新旧两部分："旧民主主义"属于资产阶级，资本主义性质，"新民主主义"却是无产阶级，社会主义性质，可谓泾渭分明。这种观点，给历史的阐释带来很大的方便，而且有利于现实政治的操作。但是，文化发展的阶段性，并不可能像描述的那么明显。这种带有机械论味道的划分，在时间的纵轴上，容易造成对辛亥－五四一段思想文化成果的排拒；而这个时段，正是被称作"新文化运动"的伟大的启蒙时期。同时，这种划分，也容易从横向拒绝西方的民主理论和经验。这两种可能性，完全为后来的事实所证明。整风文献表明：毛泽东的思想和被它所辐射的运动，有两个相当复杂的特点：一，对西欧启蒙时代产生的一些重大理念，如自由、民主、人性、人权、人道主义，基本上采取反对的态度；二，对本土文化资源，包括从孔夫子到孙中山的思想传统，乃至中国老百姓喜闻乐见的民族形式等等，给予高度重视。"中国化"一词，就是毛泽东1938年在中共六届六中全会的报告中最早提出来的。四十年代初，出现在延安和重庆的关于民族形式问题的论战，其实可以看作是毛泽东有关的思想在正反方面的展开。在井冈山时期，毛泽东即创立了一条与十月革命和莫斯科的中国模仿者完全不同的军事路线，就是：农村包围城市，最后夺取城市。农村和城市，在人类文明史上是两个反差巨大的象征。毛泽东的军事路线，同样也是他的思想文化路线，两者是完全吻合的。毛泽东把他心目中的革命，完全纳入中国的民族传统，也即农民传统之中。他的民主理论就建立在这上面，形成被认为对革命而言至关重要的社会价值观和伦理价值观，支配了中国自延安以来几十年的历史进程。

作为大独裁者，蒋介石使思想国有化。毛泽东统一思想，则在于凝聚党内力量，以利于进行他的革命战争。两者是不同的。但是，由于相同的民族土壤，以及所遭遇的民族战争的特殊气候，使之同样表现出对民族文化传统的不同层面的皈依。因此在三十年代末至四十年代初，中国化、民族化的论调，无论在国统区还是在延安，曾经一度形成风气。1938年，艾思奇、陈伯达等积极提倡"中国化"；1939年，五四时期的活跃分子，著名学者张申府则随之发挥为"启蒙的中国化"的观点。不是"救亡"压倒"启蒙"，在这里，倒是"救亡"变成了"启蒙"的同义语。知识分子对形势的变化采取了一种灵活的应变态度，启蒙运动也就不断变通到了迁就斗争对象的地步，甚至可以和平共处了。施瓦支在《中国的启蒙运动》中指出："一旦知识者被'中国化'，他们就不能积极有力地投入启蒙，不能有效地发出警告：中国人还没有从封建文化中得到完全的解放。"历史表明，这位美国学者的说法不是没有根据的。

与此相关，是对五四的态度。蒋介石是基本上否定五四的。他在《中国之命运》中把五四思潮归结为"自由主义"，五四人物自然也就是自由主义者了。独裁者是不喜欢自由的。他以中国传统文化的守护神自居，批评五四一代对之"只求其变而不知其常"，对西洋文化则"只仿其形迹，而不求其精义"，致使一般知识分子"丧失了自尊与自信"。他把五四精神与共产主义并提，说："自由主义与共产主义之争，则不外英美思想与苏俄思想的对立。这些学说和政论，不仅不切于中国的国计民生，违反了中国固有的文化精神，而且根本上忘记了他是一个中国人，失去了要为中国而学亦要为中国而用的立场。其结果，他们的效用，不过使中国的文化陷溺于支离破碎的风气。在这种风气之下，帝国主义者文化侵略才易于实施。"如果说他曾经对五四还有过一点肯定的话，那么就是反军阀，反列强侵略的民族情绪。对此，进步的知识分子是难以接受的。闻一多曾经表示说，正是蒋介石对五四的态度，是刺激了他的思想的转变的。他说："《中国之命运》一书的出版，在我个人是一个很重要的关键。我简直被那里面的义和团精神吓一跳，我们的英明的领袖原来是这样想法的吗？五四给我们的影响太深，《中国之命运》公开向五四挑战，我是无论如何受不了的。"

相反，毛泽东对五四一直予以热烈的肯定，与此同时，也曾指出其中致命的缺点。但是，在整个阐释过程中，有些论点并不符合历史的实际情况。比如说五四是无产阶级领导的世界革命的一部分，解释就很牵强。对于五四，毛泽东做的是大致轮廓的概括，至于其中由自由、民主、科学等等构成五四精神的具体内容，则很少深入的论述。在涉及有关的精神范畴，也多基于政治斗争的需要，作了别一意义甚至相反的引申。像个人主义，便长期被当作唯我主义而加以排斥。由于个性是隐没在党性所灌注的集体中间的一种间离体，所以，摧毁"小资产阶级的'独立王国'"是必要的。又如自由主义，在毛泽东的文本中，像《反对自由主义》的使用就完全失去了原意。再如民主，它并没有被视为一种保护个人权利和自由的制度，而被仅仅解释为"多数"，这样便有了"民主集中制"和"极端民主化"两种褒贬不一的用法。总的说来，五四的全面反传统，也即非"中国化"的倾向，破坏偶像，个性解放的内容，是并不见存于毛泽东关于五四的论述的。知识分子作为五四新文化运动的主体的意义，从中被忽略过去了。当然，在这里，也可以理解为不但没有忽略,反而恰恰注重及此,才反复多次申论知识分子与工农大众相结合的重要性的。他承认,知识分子是中国民主革命运动中首先觉悟的部分,而五四时期的知识分子是更广大更觉悟的;但是,"它的弱点,就是只限于知识分子,没有工人农民参加。"在《五四运动》一文中,他明确指出,"知识分子如果不和工农民众相结合,则将一事无成。""革命的或不革命的或反革命的知识分子的最后的分界,看其是否愿意并且实行和工农民众相结合。"这是一个立场问题。在延安文艺座谈会上的讲话中,他就十分强调知识分子的立场的"转移"。也就是说,知识分子是不应当存在独立的立场的;所谓"转移",即意味着对原有立场的放弃。这样,知识分子的改造也就变得顺理成章了。这是一处重要的伏笔。

其实,在当时就发生了著名的"王实味案"。

王实味以他的《野百合花》等极其有限的几篇短文,引来杀身大祸,并非出于偶然。这位出身北大的知识者,在他主动投奔而来的地方,要求政治中的人性,呼吁民主和平等,希望进行中的革命臻于完善,本来是十分正常的,自然也是十分难得的。或许把此案同五四问题联系起来会显得过于迂远,但是至少可以认为,对知识分子的独立人格,及其批判立场和表达方式的不尊重,在事情刚刚开始的时候就已经变得多么严重!在批判斗争王实味的整个过程中,除了一个倒霉的肖军,竟没有一个知识者可以站出来为他说话!

在国统区随着"党治"的加强和战事的紧张,知识分子的自由空间越来越小。除了当局的压力以外,这同知识分子自身的状态的改变也大有关系。从多次论争可以看出,许多动议和观点,是明白维护"党国",向政治权威邀宠的。而且,在实际行动上,也都有大批煊赫的学者进入"好政府",以自己的知识资本和全部才智,为统治者效劳。为了迎合知识分子中普遍的"权力饥渴症",从三十年代初开始,蒋介石政府便在政党保持不变的政治框架之内,实行专家治国。1932年,由地质学家翁文灏等主持的国防设计委员会在蒋介石的支持下成立。汇聚了一批来自不同领域的专家学者,参与政治、经济、社会调查和改革方案的研究工作。其中计有胡适、丁文江、杨振声、王世杰、吴鼎昌、陶孟和、吴蕴初、刘鸿生等,堪称一代名流。1933年,征集马寅初等一批著名法学家参与《五五宪章》及其他有关法规的制订工作。1935年12月,国民政府行政院改组,蒋介石任院长,下属九个部中有三个由专家主持。三十年代,蒋介石还委任了一批专家教授和社会名流担任立法委员，任命蒋廷黻为外交部次长，朱家骅为教育部长，还任命和聘用了一批著名学者担任国家高级官员、大学校长，和研究机构的负责人。此中有几个重要人物，正是独裁主义的拥护者。1938年，国民参政会建立，从此又多出了一批知识者，充当中央政府高级幕僚的角色。1941年民盟成立，其他党派随之纷纷兴起，短短几年内形成一股组党热潮。这就是中国现代被称为自由主义知识分子的一群，他们努力通过参政议政，试图改变长期以来的无权状态。二十年间，尤其是抗战胜利以后的几年，知识分子相率改变工作的书面性质，而热衷于具体的政治实践。知识分子与政治家合流，是四十年代的一个突出的现象；在整个二十世纪的中国，也是一道罕有的风景。

雅斯贝斯一再论及自由，说："也许人类最深刻的对立，是由人们意识自由的方式决定的。对一部分人是通往自由之路，对另部分人则正好相反。在自由的名义下，人们几乎要求一切，但是也很有可能踏上奴役之路。"1944年5月，著名的西南联大开过一个五四历史座谈会。在会上，张奚若说："辛亥革命是形式上的革命，五四则是思想革命。"闻一多则总结道："张先生说现在精神解放已走入歧途，我认为还是太客气的说法，实在是整个都走回去了！是开倒车了！……"他不往回走，他逆风前行，结果死在政府爪牙的子弹和身后学者的讥嘲中。

难得的是抗议的声音。但是,在四十年代后期,那类具有批判立场而又富于道德力量的独立的知识分子实在太少了!在知识界,很少有人不为党派所罗织;笼盖于五四时代的人文精神荡然无存,后启蒙时代的氛围已然为政治斗争所代替,虽不见文化思想的交锋,却一样的闪动着刀光剑影。储安平是活跃于其中的一位出色的人物。作为一个时评家,他表达的不是深层的文化思想,而是最坦率最直接的政治见解;从《客观》到《观察》,以办刊代替组党,意在"干政"。虽然他显示了在两党斗争中的独立不倚的决心,但是从个人文字和编辑倾向来看,毕竟是偏袒政府的。他不同程度上接受过胡适和拉斯基的影响,一直向往秩序和法治,希求"在岗位有所建树","对国家有所贡献"。可以说,骨子里头是一个"好政府主义"者。他对政府许多做法的抨击,确乎十分猛烈,诸如反对摧毁舆论,践踏人权,反对豪门特权,贪污腐败,反对用政治控制的办法控制教育,出动军警,用残暴的手段对付学生等等;另一方面,仍然强调说"政治力量不能没有重心,现在中国政治力量的重心尤可否认仍在国民党。所以我们能尽力来帮助国民党,努力建国大业,也就是我们尽了为国家服务的责任。"他呼吁"结束党治,开放政权",也都是为国民党的前途设想的。用鲁迅的话来说，到底是"乱"，不是"叛"。他认为如果国民党已经无法抵抗共产党，或本身确实无法维系社会与人心，这时，只有由散布在各大学及文化界的"自由分子"出来领导。他关心知识分子的权力问题。对于权力，他所关心的也不是文化上的领导权，像五四人物一样，而是政治上的领导权。

"自由主义者往何处去？"1947至1948年间，《观察》杂志围绕这个问题展开过一场松散的争论。这个问题，牵涉到对国共两党斗争的前途的看法。所谓"天下不归杨，则归墨"，知识者是必须从中做出选择的。"自由主义者"对共产党心存疑虑，当然也与对国民党尚怀希望是有联系的。发起争论的杨人楩教授声称，中共根本上是否定自由的，它对人的干预比国民党更为严厉。张东荪说："至于中共，我们觉得它的组织太强大，不适于一个民主国家。"储安平则认为，从经济的准则来说，中共没有什么可怕，可怕的是共产党人进行政治活动的方式。此外，他还发表了关于"党主"与"民主"，自由的"多与少"以及"有和无"等很有影响的意见。

在时间的峡谷里，没有任何从容思考的余地。无论信仰也好，抗拒也好，疑虑也好，时代列车的巨轮是轰隆轰隆地开过来了！

思想：地面状态与地下状态

1949年10月1日。中华人民共和国宣告成立。开国大典，正是在发生五四运动的古老而年轻的天安门广场举行。在五万万中国民众中间，所有的知识分子，怀着期待的、兴奋的、间或焦虑的心情，都听到了喧天的礼炮，和毛泽东的宏伟坚定的声音："中国人民从此站立起来了！"

土改。镇反。三五反。各个领域，以异常的速度进行毁坏和重建的工作。知识分子队伍也在重新整合，从生活到思想，没有一个人可以置身局外。首先是进入"单位"。美国著名记者巴特菲尔德以他在中国的体验，总结说："单位是中国社会的高楼大厦的砖瓦，几乎是中国人仅次于国籍的身份证。"单位教会知识分子认识："组织"是什么东西，这个从纺织物那里引申出来的语词是何等严密。通过单位，他们领取工资；通过单位，他们认识自己的同行、领导、同志和敌人，同社会发生关系；甚至通过单位，认识自己的思想。单位是一个巨物，无所不包，每个人都可以感觉到其神秘而威严的存在。作为"单位人"，他们被赋予一种集体感、归属感；惟其如此，才觉得自己的渺小，任何独立的企图，转瞬之间就会变得孤

反右运动

反右派运动中，交通部职工在批判部长章伯钧

立无援。他们被"分子化"了。他们害怕为组织所抛弃。这种依附关系和危机感的产生,使他们从外部到内部,从被动到自觉,变得十分顺从。

在组织建立的过程中,我们发现,知识分子得不到平等的关怀与尊重。"解放区"与"国统区",党内与党外,组织与非组织,所受到的信任和使用的程度是不同的。在这里,从档案管理到日常生活,都产生了一种对"身份"的普遍重视与认同。在这个基础上,随之萌生种种的优越感或自卑感,萌生依靠组织谋取身份的欲望,同时也萌生着对自由和平等的渴求。

知识分子所在的单位:大学、报社、杂志社、出版机构、剧团等等,全部国有化。社会上不再出现个人组织的社团,职业性团体如"作协"、"文联",实际上也都成为了"国家组织"。作品必须经过审查,不能随意发表。上海书店通知沈从文,即称:你的作品已经过时,凡在开明书局的已印未印各书稿及纸型,已全部代为焚毁。其实,这种文艺禁令,此前早就成文或不成文地存在了。丁玲的《太阳照在桑干河上》完稿后,征求有关方面的意见,因为曾经有人指责为"同情地主"、"反映的是富农路线"等,难以获准出版。连根据茅盾小说《腐蚀》改编的电影,刚刚问世,也因被指责为有同情特务等立场问题，被公安部下令禁演。萧也牧的小说《我们夫妇之间》受到批判，同名电影曾经电影界负责人夏衍的推荐，同样因受批判而停映。夏衍本人写的剧本《考验》，被柯庆施下令停演。建国初，禁区已经相当森严。这是为阶级斗争的理论和实践所决定了的。由战争培养起来的敌情观念和军事化作风对文化的介入，沿袭下来而成了一种常态。所谓"运动"，不过是在此基础上的集中强化而已。

的确，"运动"是一种可怕的体验。运动依赖组织又高出于组织之上，有它独特的规律和形态。由于权力趋于集中，缺乏制衡，各级组织都存在着可能的凹陷和缝隙，于是政治－思想运动成了必要的补充。"思想改造"运动，是知识分子建国后经历的第一次运动。运动发生很早，始于1951年，首先深入学习毛泽东著作，特别是《在延安文艺座谈会上的讲话》。讲话系统地阐述了知识分子的资产阶级小资产阶级性质，"世界观"的转变，以及任务问题。因为知识分子必须同工农相结合，也就是说，知识分子必须放弃独立的一切，知识分子将不成其为知识分子。后来，毛泽东陆续提出的"知识分子劳动化"、知识青年"上山下乡"、"接受再教育"、"五七指示"等等，都是源自这种普及化、一体化的思想。这场运动波及所有重要城市地区，使用了从延安整风时期形成的一整套行之有效的办法,包括群众大会、"小组斗争会"、公开批判、口头或书面表态、坦白交代并承认"错误思想"等。运动从文艺界及大学的知识分子开始,然后扩展到中小学教师,甚至波及学生。比起"土改"和"镇反",知识分子思想改造运动显得较为温和,但是,精神的威慑力仍然是强大的。

在党和国家的最高领导层中,毛泽东特别注重意识形态问题。在政治斗争和经济建设以压倒的优势向前进行的时候,他不时出现在文化前哨,独自指挥一场又一场战役。其中包括批判电影《武训传》,批判梁漱溟,批判《红楼梦研究》,批判胡适思想,批判《文艺报》,直到批判乃至整肃"胡风反革命集团"。在胡风"集团"案中,私人通信被当成罪证,而且加了"钦批"由党报率先发表,逮捕也是"钦准"的,无须任何法律程序。刚刚通过的宪法成了一张废纸。

此间,知识分子心理发生了极其复杂微妙的变化。作家萧乾有一段话描述说:"包括我在内的众多由白区投奔来的知识分子,都是以浪子回头的心情力图补上革命这一课。搞文艺的,热切地捧着《在延安文艺座谈会上的讲话》,向喝过延河水的老同志打听1942年整风的盛况,批

《武训传》时,我们这些留过洋的,赶紧聚在一起检查自己的改良主义思想,'三反''五反'本来同知识分子不大沾边儿,大家也主动认真地深挖起灵魂里的资产阶级根子。那时的报刊经常可以看到学术界文艺界非党人士的长篇自我检讨,批判自己的超阶级思想,寻找在感情上同工农兵的差距,反省过去对西方文艺的盲目崇拜,同时歌颂斯大林,歌颂苏联,歌颂社会主义现实主义。""检讨",或称"思想汇报",作为一种群体性行为,一种流行文体,在中国知识分子历史上第一次出现,在世界知识分子历史上,也不失为一种奇观。他们紧张、忧虑、恐惧,像沈从文就因为无法接受这种精神压力——郭沫若称他"一直是有意识的作为反动派而活动着"——而一度精神失常。有人因此改变多年形成的生活习惯,如萧乾所自述的,即在胡风等人因信函获罪入狱后,写信和讲话都懂得了克制。他说,"只要能口头或电话上说的,我就不写。即使写,也只限于事务性的干巴巴的几句话。这种心态我一直严守到1979年。"有人因此改变自己的职业和工作,如作家骆宾基,在胡风事件后,从此转向古金文甲骨文研究。一些在国民党退离大陆时坚持留下来的知识分子,如徐訏、张爱玲等,则先后奔赴香港。在这样一种精神氛围里,自卑是最普遍的心理。一批著名学者以同样的话语形式否定自己,哲学家冯友兰1949年10月写信给毛泽东,说自己是"犯错误的人",同时表示"愿为社会主义做点工作";稍后出访印度,说:"中国革命成功,我认识到我过去的著作都是没有价值的。"贺麟1951年在《光明日报》发表《参加土改改变了我的思想》,表示赞同唯物论。社会学家费孝通在《人民日报》发表文章说:"恨不得把过去的历史用粉刷在黑板上擦得干干净净,然后重新一笔一笔写过一遍。"政治学家钱端升以《为改造自己更好地服务祖国而学习》为题发表文章,在完全否定自己的同时,否定蔡元培的教育思想和实践,说:"北京大学的自由散漫,蔡元培先生是要负一部分责任,而将他在北京大学的主要教育思想——所谓'思想自由'和'学术自由'——长期地保留在北京大学之中的老一辈的教师们,包括我自己在内,则应负更大的责任。"五四时代的那份尊严,那份自信,那份浪漫主义激情,至今已是迢遥的记忆,不复见诸于知识分子及其文本之中。

经济的繁荣,国力的上升,掩盖了严重的知识分子问题。

本来,在一个小农国家里,文化和文化人是得不到重视的,知识分子命运与社会无关,即使出现胡风案,也不曾引起足够的关注。对于公然违宪的行为，人们不加谴责和制止；大约在他们看来，只要是阶级敌人，动用怎样的惩罚手段是无关紧要的，何况是极少数。直至"右派翻天"，他们才赫然发现：共和国竟然有这么多有文化的敌人！

如何管理中国？如何创造现代经济？这是一个问题。随着工业化的进行，规范化科学化的要求愈来愈明显，行政机构也变得愈加庞大、臃肿，指挥不便。这些对于一个植根于深厚的民族文化传统，且习惯于游击式行动的人来说，构成相当的心理压力是无疑的。毛泽东决心走自己的路。1956年，国际大气候不佳，赫鲁晓夫在苏共二十大作了一个反斯大林的秘密报告，匈牙利事件发生。毛泽东不愧为辩证法大师，善于变化，随时化不利因素为有利因素；此时，则决定利用民主党派和知识分子力量，解决党内矛盾。经过一阵短暂的云雨低迷，风雷过处，果然出现了中国知识分子的早春天气。

1957年4月，中共中央发出《关于整风运动的指示》；五月，又发出毛泽东起草的《关于请党外人士帮助整风的指示》。此前，周恩来总理作过《关于知识分子问题的报告》，中宣部部长陆定一根据毛泽东提出的"双百"口号作了题为《百花齐放，百家争鸣》的报告，毛泽东本人也作了《关于正确处理人民内部矛盾》的报告。这些报告，不断给知识分子以鼓舞，尤其是"双百"口号，那关于科学、民主与自由的五四式的潜号召，恢复了他们的勇气和信心。在经过一番"动员"之后，他们果然大胆地"鸣放"起来了。

最激进的是大学生。以"大学风暴"闻名于世的活动，于5月19日在北京大学开始，也称"五一九民主运动"。一份学生刊物《广场》的发刊词写道：

北京大学是五四的故乡，北大儿女是五四的后裔，我们的血管里流着五四的血液，在社会主义的五四时代，我们要学会五四先辈们的大胆提问、大胆创造的精神，去争取真正的社会主义的民主与文化！

我们的刊物——"广场"便为此而诞生，"广场"的含义在于：北大民主广场是五四举火的地方！五四的先辈们曾在民主广场上集会点火与誓师高歌！……

先辈们的广场已经荒芜了，我们艰难地把它打扫干净，我们愿爱讲话爱唱歌的人们一起来打扫它，整理它，使它开出一万朵美丽的花！……

学生将批评性意见写成大字报，贴在学校的建筑物和教室的墙上；大字报的集中地称为民主墙，正是在这里出现了赫鲁晓夫的秘密报告的第一份译稿。运动发展成为群众大会、游行示威和露天集会，这些活动都集中在校园内重新命名的民主广场上。自发组织的团体开始涌现出来，散发传单和油印小报，讨论会，辩论会，没有平静的地方。从校内到校外，从中国到苏联，从减少学校党委会的职权到反对官僚主义，从反对个人迷信到历次政治运动的再评价，从人事档案制度到民主选举，甚至到所谓"新阶级"制度，他们纵意谈论，无所顾忌，公开亵渎神圣之物。从拥护党的立场出发批评党，从社会主义本身寻找标准批评社会主义，这种被称为"体制内的批评"，自建国以来还是第一次。六月初，学生运动进入高潮。这时，野火从大学向中学蔓延，而且愈来愈猛烈。据报道，有学生占领大学办公室，围攻政府和党的所在地，并且扣留学校和党的领导干部作为人质。还有学生重温"到民间去"的旧梦，尝试发动工人和农民，但是没有实现。

参加鸣放的知识分子，基本上属于党外人士。他们没有青年学生的过激行为，只是在座谈会上发言，在报上写写文章；但是言辞是激烈的，批评也显得更系统，更广泛，更集中。其中，知识分子和民主问题尤其突出。在这里，民主总是同党连在一起。章伯钧著名的"政治设计院",还有关于党与非党、党与政府、党与群众等诸多的批评意见,被看作对中国共产党作为执政党的地位的挑战,不是没有根由的。储安平分明把共产党同国民党混同起来,所以才会在一个近于亮相的重要场合,重复使用罗隆基当年自造的语词:"党天下"。

"鸣放"的一群实在走得太远了。毛泽东开始叫停。6月8日,一直带头鼓吹鸣放的《人民日报》社论突然变调:《这是为什么?》;同一天,中共中央发出由毛泽东亲自起草的《关于组织力量准备反击右派分子进攻的指示》。"反击"一词,用语未免过于夸大;右派"进攻"惟用言论做炮弹,用毛泽东的话说,"事情好办,剥夺他们的言论自由就行了。"当整风运动一旦被宣告转为反右斗争之后,那些高举"义旗"的鸣放人物,便纷纷扯起白旗,换了跟储安平同样的模式检讨自己:"我真诚地承认我的错误,向人民请罪,向人民投降。"

1957年被划为"右派分子"的,按照官方统计的数字,共五十五万余人,占知识分子总人数的十分之一。对于知识分子的政策,由来是"团结,利用,改造","改造"是最后的。接着,这些戴了帽子——"戴帽"或者"摘帽",在世界通用的政治大辞典中是查不到的——的人,便分别留在原单位监督劳动或被遣返乡下,押送到劳改农场，或者投荒万里作"流囚"。他们的经历，完全可以用一个右派分子回忆录的名字来概括："九死一生"。

这次反右运动，大体上被认为是毛泽东晚年所犯"错误"的起点，就像邓小平说的，"1957年以前，毛泽东同志的领导是正确的，1957年反右派的斗争以后，错误就越来越多了。"同样的逻辑，也就被认为是"左"的指导思想"偏离""八大路线"的转折点，如薄一波所说。在这里，我们不妨转换一个思想文化的角度。五四传统作为中国现代文化的源头，科学理性、自由民主、人道主义的源头，就外部而言，早为群众性政治运动所中断，为战争所中断，为国民党一党专政所中断。1949年以后，在和平建国的新阶段，这个传统没有得到合理的承续；在某种阶级和阶级斗争理论的指导下，政治运动和意识形态斗争从不间断，使它蒙受损害。反右斗争以言治罪，株连家属，覆盖面如此之大，是世所罕见的。从某种意义上说，乃是对五四传统的全面背弃。背弃这一传统，其后果之严重，正如著名汉学家费正清所形容的："其结果等于砍了中国人的头，使中国最精贵稀少的人才，丧失了活力。就是在这样谴责和反知识主义气氛中，'大跃进'开始了。"接着他说："革命的理想是解放人民，不是控制人民。然而这些理想主义者在革命成功后都受了罪。在成千成万这类事件中,我们看到革命开始吞蚀革命者了。"

大跃进是毛泽东独出心裁的尝试,然而这个尝试遭到惨败。虽然在庐山会议的斗争中,他始终是赢家,却无疑承受了更大的心理压力。在此后几年间,他曾发起过"四清"之类的运动,试图释放这种压力,结果没有成功。他必须找到一种彻底解决的办法。进入六十年代以后,在他那里,政治斗争目标已经变得非常明确,理论上也形成了自成系统的一套;就在这时,"走资本主义道路的当权派"的概念被提了出来。可是,在他的同志中间,这个危险的思想并没有引起普遍的警觉。这样,一个号称"无产阶级文化大革命"的运动,就像一枚重磅炸弹,于1966年突然引爆了。

"文化大革命"是一个新的起源,是一个因,但更多的是果。我们可以从托克维尔的《旧制度与大革命》那里翻过来看这个问题。到了"文化大革命"阶段,不但毛泽东思想被推到了"顶峰",流通在各个领域的被称为"左"的东西,各种潜在的矛盾和危机都发展到了顶峰。毛泽东就是站在多年所累积起来的结果——问题的顶峰——之上发动他的"革命"。他所以能够在"全面不抵抗"的情况下,顺利地推行他的计划而直奔目标,至少有两根固定的操纵杆与临时装置的方向盘连在一起：其一是反对资产阶级－修正主义的战略方针，要制造"党内最大的走资派""中国的赫鲁晓夫"实在太方便了，更不用说臭知识分子；其二是政治挂帅，思想领先，权威主义的确立，使领袖个人处于独尊的地位。当然，个人魅力也不失为一个因素，那种享受斗争的挑战性格和自由意志，对热情、轻信、好动，具有天然崇拜倾向的青年学生是特别富于吸引力的。加以运动一开始，就鼓励采取"大民主"的手段，这在长期因为民主空气稀薄而感到压抑的广大的人们那里，自然容易产生共鸣，难怪居高一呼，天下风从了。

有人以五四的文化性、社会性比附"文革"，其实大谬。"文革"只是1957年反右运动的放大。如果要分期，"文革"可简单地裁为两截：1966至1968年，此为红卫兵时期，特点是造反，混乱，无序；后期在1968至1976年，为新秩序时期，建立革委会、收拾造反者、进入斗批改。同样是一乱一治，乱极而治。只是"文革"比反右更具规模，更复杂，也更荒诞；因为局面宏大而控制不了，才有部队以"支左"名义的介入；不过惟其如此，正好显示了"无产阶级专政"的实质。武斗的出现也许是预想不到的，然而无非是阶级斗争极端化的表现而已。其间，出现过许多"新生事物"，如样板戏、赤脚医生、"三结合"、学习班、交白卷、大批判写作组、工农兵学员等等,也都是建国后毛泽东系列试验的持续性或一次性展览,没有什么新意。毛泽东本人的"最新指示",诸如"吐故纳新","走资派还在走"之类,也多是对运动现象的一种点评式总结,而非理论上的创造,是毛泽东思想体系中固有的东西。

毛泽东是五四运动的过来人,对五四也曾作过高度的评价;但是对于五四精神,在他的思想和实践中,都有着明显的矛盾和抵牾之处。尤其是"文革",他容忍甚或鼓励个人崇拜,过于集中权力而独断专行,采取一种封闭而非开放的观点看待中国社会,满足于一种恩赐的自由和民主,这些都是脱离了五四精神的。五四全面反传统,而他对传统的观念多所偏爱和保留,轻视知识分子,有明显的反知识主义倾向,民粹主义倾向。作为启蒙运动,五四无疑重视思想文化在社会变革中的作用。五四的启蒙,思想是来自西方的,现代的,新生的。毛泽东对意识形态不可谓不重视,在某种意义上说,"文革"就是"意识形态专政";但是,这种专政,是在反传统的名义下对本土文化、农民传统的新的发扬。

除去背景的差异,在性质及其表现形态上,"文革"与五四南辕北辙,存在根本的不同。一、五四是知识分子自组织,"文革"是他组织。"大宪章"《十六条》虽然声称"只能是群众自己解放自己,不能采取任何包办代替的办法",实际情况恰好相反。姑不论后期对国家权力的强化,即使在前期,也是受"中央文革"的指挥和控制的。所谓"炮打司令部",打的只是"资产阶级司令部"。不论怎样高喊着"踢开党委闹革命",最高统帅和副统帅是不能炮轰的。五四时期是弱政府,所以有众声喧哗。"文革"期间,即使各级领导被打倒,"靠边站",最高权力始终不曾悬置或空缺。两报一刊,舆论一律,表现出高度的指挥效能。因此,说"文革"是"直接民主"固然失实,指为"无政府状态"也不确。一声令下,民主就立即收起来了,怎么可能"无政府"呢?二、五四重估一切价值,打倒一切偶像,真个是摧枯拉朽。"文革"个人迷信盛行:红宝书、语录歌、忠字舞、红海洋;还有早请示、晚汇报等等,弥漫着一种宗教气息。三、作为运动的主体,五四主要是知识分子,在新文化运动时期起着启蒙作用,青年学生是后起的;在反封建文化的斗争中,他们目标一致,配合密切,是一支完整的队伍。在"文革"中,知识分子成了被批判和清理的对象。五四的一代,是学贯中西的一代;就说青年学生,也都具有相当的学养。"文革"时代的学生基本是"聋"和"哑"的一代,他们对西方文化除了敌视，几乎一无所知。他们是一种畸形教育的牺牲品。由于他们的无知，轻信，往往造成过火的盲目行动，因此长期遭到在"文革"中受过损害的知识者的痛恨，斥为"流氓""痞子"，把时代的暴行完全归结于他们，而始终得不到原宥。四、五四是独立知识分子的自由联合体，带有鲜明的民间性和个体性。文革的造反派成分比较复杂，大约有部分在他们的造反行动中反映了社会底层的要求，从而给运动带来唯一的亮点；但是，相当部分是保守的，甚至是反动的，并不代表民间立场。五、五四是天然的群众运动，具有先在的开放性和公开性。"文革"则是有预谋的、有目的、有步骤展开的群众性运动，带有神秘的性质，许多重大事件也都蒙上了一层拜占庭式的气氛。六、五四的参与者，都是真理的追随者，是真诚的理想主义信徒。"文革"的乌托邦色彩是浓厚的，但是带有欺蒙性。利用人们对民主变革的要求，例如在《十六条》写上巴黎公社原则，一开始就以它的权威主义、出身论、有关"正统""嫡系"的派性争夺等等，显示了一种喜剧色彩。五四的冲突，是价值观念的冲突，理想的冲突。而"文革"，则更多地表现为实际利益的冲突，愈到后来愈是如此。七、五四实质上是一场思想运动，文化运动，由此必然是多元多向的；所谓斗争也都处于同一层面上,是书面的争论和角逐。没有王者,没有公认的权威,也不需要大法官。"文革"号召"从灵魂深处爆发革命",目的在于剥夺独立的思想。理解的要执行,不理解的也要执行,完全惟"最高指示"是从。它实质上是一场政治运动,其间充满了政治歧视,各种凌侮、压制和迫害。《十六条》满纸是"革命"的权利,惟独没有生命权。美国著名法理学家德沃金指出:"如果政府不能认真对待权利,它也就不能认真对待法。"整个运动以暴力著称,毫无法律可言。单就官方承认的数字,在1966至1976年十年间,就有三十五万人被折磨致死。八、"文革"的口号是:"破四旧,立四新",其实只在形式和皮毛,并没有触及文化体制和观念中的封建主义,所以才有把林彪作为"接班人"写上宪法之举。这种"政治继承权",显然是王权主义的产物。而五四是彻底反封建的。九、与此相关,"文革"把几乎所有外国的东西都称之为"帝修反"、"资产阶级货色"而加以排拒,与列宁让无产阶级"掌握资本主义遗留下来的一切文化"的思想大相径庭。五四则是"全盘西化",反排外主义的。十、五四旨在摧毁现存秩序,"文革"则是在体制内进行的,却恰恰捍卫了内部亟待改革的部分。五四不打革命的名目,却有革命的灵魂。"文革"从总体上不具革命性,没有新的主题，新的思想，新的成果。十一、五四是伦理革命，是在反对封建道德的基础上，重建人性的道德。在"文革"，道德与良知成了革命的对象。人们变得狭隘、冷漠、嫉恨、残酷、虚伪，告密和仇杀之风盛行。这种社会文化心理的形成，公平地说，是长期的"阶级斗争"的产物。但是在"文革"，道德的摧残尤为严重；为此需要付出的代价，就不仅仅是属于一代人的了。

早在三十年代，鲁迅就说："五四精神有退无进"，甚至说了"五四失精神"的话。倘说这精神一脉尚存，那么及至此时，则已完全为文革所扼杀。知识分子跌落到从来未曾有过的困厄的境地，人格也变得从来没有过的卑贱。剧作家曹禺回忆说："'四人帮'统治的那段岁月，真是叫人恐怖，觉得自己都错了。给我扣上'反动学术权威'的帽子倒是小事，自己后悔不该写戏，害了读者，害了观众。""他们逼着你招供，供了以后不但别人相信，甚至连你自己也相信，觉得自己是个大坏蛋，不能生存于这个世界，造成自卑感，觉得自己犯了大错，不要写戏了，情愿去扫街。这种自暴自弃的思想就产生了，这种思想上的折磨比打死人还厉害。"历史学家范文澜受了中央"文革"组长陈伯达、康生批评后，立即写信给刘大年："请你助黎澍同志加强批评。愈过头愈好，不过头，别人会来补的,那就麻烦了。"接着又写一信给黎澍:"你毫不容情地加上自我批评的文字,愈过头愈好,请你站在敌对者的方面,尽量抨击,不大大抨击,将来自有人出来抨击,那就被动了。"那时候,不少人被逼自杀。历史学家翦伯赞自杀前,口袋装有遗书,上写道:"我实在交不去(出)来/走了这条绝路/我走这条绝路杜师傅完全不知道。/毛主席万岁/毛主席万岁/毛主席万万岁。"梁漱溟不甘寂寞,却写信给中央文革并转毛泽东,表示赞成文革:"主席此番发动的无产阶级文化大革命运动,使广大群众振起向上精神,鄙视资产阶级,耻笑修正主义,实为吾人渡入无阶级的共产社会之所必要。……当红卫兵来临,我以维护此一大运动之心情迎之……"诗人郭小川在五七干校时致信妻子说:"早已下定决心,照伟大领袖毛主席的教导办事,永远在学习毛泽东思想,和工农兵结合中改造世界观,永远生活战斗在第一线。"在宣布恢复党的组织生活时,又致信妻子说:"我的'斗私批修'并不好,尚有一个问题需要补斗。……同志们都在祝贺我,但我认识到这只是革命的新起点,没有什么可满足的,只是斗争和改造的任务更加加重而已。"五七干校本来是一个带有集体惩罚性质的劳动场所,臧克家陶然写了大量赞美诗。他在诗集《忆向阳》的序言中写道:"响应毛主席的号召,我于1969年11月30日到了湖北咸宁干校。这个日子,我永生不能忘。它是我生命史上的一座分界碑。"1975年批邓,"反击右倾翻案风",随即写诗助阵;一年过后形势大变,复歌颂"英明领袖"及"老一辈无产阶级革命家"。不论风向如何,跟风是诗人的本分。一些荣幸进入御用写作班子的如"梁效"、"石一歌"辈,把灵魂卖给权势者,至今讳莫如深。其中,如周一良著书回忆,题为"毕竟是书生",分明为自己开脱;余秋雨大论"嫉妒"而骂"小人",则要努力保持"文明的、高贵的社会形象",使"社会增加一点高贵因素"云。

"士风"如此,怎么可能指望从中产生独立的思想者呢?倒是极个别的"士林"之外的人物,如张志新、遇罗克、李九莲,以他们诚实的声音打破了禁锢的沉默。在一个只懂得说谎的国度里,诚实就是思想。他们的文章,日记,言词,诚然说不上"深刻",但是价值连城,是那些专一阐释别人的"思想"而自以为高贵的学者的论著所无法比拟的。然而,他们竟死于屠刀之下!在历史的记忆中,有那么一根喉管,一直到今天仍然在滴血!

雅斯贝斯——一个经历过纳粹和二战的人——说:"必须有新闻出版自由,集会自由和言论自由。人们允许进行说服和实行宣传,并且在自由竞争中进行。即使在战争时期,也必须保证观点的自由交流。"然而,在"文革"期间,连观点交流的可能性也没有,思想只能进入地下状态。也就是说,真正的思想者,只能是地下思想者。数十年间,包括"文革",在知识分子中间堪称"思想者"的,实在只有张中晓和顾准两人。这里称为"地下思想者",还因为他们的文字,都是在身后由亲属或他人整理并辗转托人出版的。他们不见天光。

张中晓倾其孱弱的躯体内的全部力量,抨击封建思想传统,抨击帝王权术、流氓哲学,批判国民的奴隶根性。他常常把权力和奴役连在一起,提高到政治哲学的高度加以思考。他说:"权力的灾难,一方面是明显的残暴行为,另一方面是一切通过强力或强烈的心理上的影响(灌输教育,愚民政策,神经战)对个人自由的干预。""统治者的妙法:对于于己不利者,最好剥夺他一切力量,使他仅仅成为奴隶,即除了卖力之外,一无所能,欲达到此目的,首先必须剥夺人的人格(自尊心)。""政治家之言论,为稳定人心鼓舞人心而作,因此,必然含有欺诈成分。"如果说,顾准思考的是国家、群体,社会的外部问题,政改问题,追求民主政治,那么,张中晓思考的,则偏重于个体,人的内面问题,精神问题,追求"道德的民主"。他说："哲学的任务是在于使人有力量（理性）改变外来压迫和内在冲动。""它使人们有力量锻炼自己的心灵和发展自己的精神，因之，真正的人，名副其实的人是作为精神实体来完成的。"这位沉实多思的年轻的思想者，对反对科学和民主的蒙昧主义和奴隶制度的批判，充满战斗的激情："人们今天大声地反对蒙昧主义和奴隶制度，但人类却确实地在蒙昧与奴役之中生活了几千年……人们喜欢，或人民安于生存，这就是两者的生命力和现实根据。蒙昧迷信和奴隶制度，仅是对精神的自由来说，是不可容忍的和势不两立的。但对于没有精神的自由人来说，却是舒适的枕头。"他是觉醒者。他不能昏睡，而必须战斗在黑暗之中。他这样概括伟大的先觉者鲁迅是很有意思的，他说："无论从思想，文学的眼光来观察鲁迅，都不足以证明他的伟大。鲁迅的伟大，是因为他是一个战斗者，是道德的存在，是激动人心的力量。"张中晓所要的，正是这种战斗的道德。他是五四—鲁迅传统的忠实的继承者。

正如张中晓作为最年轻的"胡风反革命骨干分子"，过早地领受人生的苦难一样，顾准两次被打成右派，妻子自杀，儿女与他划清界限，可谓历尽沧桑。他们都是在个人一生的重大挫折中开始其思想苦旅的。因为，他们的思想，不是那种书斋里冥想的产物，而是紧连着他们的血肉，饱含生命的质感。

五十年代末，顾准已经初步形成了他的较成系统的非正统思想。文革的冲击，给他的思想造成一定的干扰。其一是"平等卑贱"。作为右派，他早已被打倒在地，无论运动如何进行都不可能改变他的罪人身份，而一些"大人物"的被打倒，身份则可以从此不同。这次"横扫"的运动，使不同地位不同身份的人获得了一种受罚的"平等"。文革以一种大破坏的方式，反对为他所痛恨的特权。此外，在他看来，作为文革的目标之一，"反对苏修"当在很大程度上抛弃一直沿袭的苏联制度。这种庞大的僵化的官僚制度，也是他所深恶而痛绝的。他的思想，因了新的刺激而产生相对的波动是可以理解的。于是，在他的1969至1972年的日记里，我们看到：他用流行的个人崇拜用语，如"伟大战略部署"，"光辉无际"，"活学活用"等记录对时局的看法和日常行为；多次论析"世界革命中心"论，表达一种民族主义情绪；赞美当时具体的路线、政策、制度，从"抓革命"，"斗批改"直到"整党建党大批判"；记述在五七干校劳动改造的自觉性，乃至为当权者设想，写下种种越俎代庖的计划，其中包括农业、财政、外贸与建设，还有国际问题。直到1972年，才消除了幻想，决心放弃"轻信"的态度。这时，他不但恢复了一个思想者的常态，而且以急跑步的速度，进入一生中最后也是最光辉的思想时期。

政治民主是顾准探索的中心。如果说张中晓发掘和利用的是中国文化历史的材料，顾准则是更积极地向西方索取思想资源。为了发现寻找民主的道路，他远溯希腊政治史。通过比较，他肯定雅典的民主传统，而否定斯巴达的"民主集体主义，集体英雄主义"的传统。关于斯巴达，他自述说："我对斯巴达体系怀有复杂矛盾的感情。平等主义，斗争精神，民主集体主义，我亲身经历过这样的生活，我深深体会，这是艰难环境下打倒压迫者的革命运动所不可缺少的。但是，斯巴达本身的历史表明，藉寡头政体，严酷纪律来长期维持的这种平等主义、尚武精神和集体主义，其结果必然是形式主义和伪善，是堂皇的外观和腐败的内容，是金玉其外而败絮其中；相反，还因为它必定要'砍掉长得过高的谷穗'，必定要使一片田地的谷子长得一般齐——它又不精心选种，不断向上，却相反要高的向低的看齐——所以，斯巴达除掉历史的声名而外，它自己在文化和学术上什么也没有留下，甚至歌颂它的伟大著作，还要雅典人来写。"其实，在这里，顾准写下的正是对中国前途的忧虑。他说："要克服异化而又反对僧院共产主义，斯巴达平等主义，这是非常非常高的理想，是一种只能在人类世世代代的斗争中无穷无尽的试验与反复中逐步接近的理想。马克思的学生中未必有几个人能够懂得这一点。"关于现代民主，顾准明确认为，这是西方资本主义的产物。这首先因为，它具有"资本主义精神"。他强调这种精神，或称思想的重要性，说："西方思想确实善于批判。政治权威当然是批判对象。任何既得权利都是批判对象。……他们的批判，似乎总是在促进进步。他们不善感恩。……他们的话却更多地是反对既得利益集团的。"他认为，"资本主义还有生命力的原因，在于他们不限制，相反正在发展批判。"资本主义精神就是批判的精神，惟其有了这种精神，才如顾准所说，"资本主义老是在发展成长"。其次，顾准是十分看重民主形式的，并不像现在有名的学者何新说的那样："我个人认为形式民主不是评价一个国家有没有民主的唯一标准。一个国家有没有议会制度，有没有多党制，有没有直接选举，并不是评价它有没有民主的标志，关键在于实质。"大约在何新看来，实质和形式问题可以分开，所以说"当前中国的最大目标，是维持国家的统一和社会的稳定。要在这个前提下，才能有条不紊地解决面临的各种复杂经济、社会问题。当务之急并不是引进西方的代议民主制。"顾准恰恰鼓吹这种代议民主制，认为这是目前唯一可行的形式；而且，又恰恰把民主看得高于一切，认为所有一切都只能在"一定的气氛"下才是可能的，而这气氛，就是"多元主义的哲学、学术自由和民主政治"。在顾准那里，民主是进步的前提，扼杀了民主也就扼杀了进步。而进步是最终的。

总之，顾准是反对"大一统"的。他说"我还是厌恶大一统的迷信。至于把独裁看做福音，我更嗤之以鼻。"他提出抨击"中国思想"，张中晓称作"中土思想"，主要目标就是这"大一统"。他比较中国和西方制度的不同，说："他们的封建制度，是具有严格身份等级的一种统治制度，可是，至少在统治集团之间，相互间的身份和关系，观念上认为是由契约规定的，法学家称之为规定身份的契约。中国，这类问题由简单的十六个字加以解决，即所谓'普天之下，莫非王土；率土之滨，莫非王臣。'"权威主义，无为政治和愚民政策，都包容在"大一统"里面，是"大一统"的派生物。顾准认为，那种关于中国可以从内部生长出资本主义的说法是一种侈谈，原因就在于这"大一统"，在中国传统内部没有这种变异的资源。他解释说，资本主义并不是一种纯粹的经济现象，也是一种法权体系。法权体系属于上层建筑。"并不是只有经济基础才决定上层建筑，上层建筑也能使什么样的经济结构生长出来或生长不出来。"

顾准认为，要实现真正的民主，就必须采掘西方的民主资源，实行思想的多元化和政治的多元化。他说："不同思想间经过斗争，思想本身可以愈来愈深化；而在相互斗争的各家思想的争鸣中，民智可以启迪。民智启迪，是科学发达的重要条件。'一个主义、一个党'的直接民主（当然不可能，它一定演化为独裁），惟其只有一个主义，必定要窒息思想，扼杀科学！"对于"直接民主"，最好的例子是雅典民主。这是为马克思所深爱，也为顾准所崇尚的；问题是，这种多中心的坚持独立的主权在民与直接民主制度，在顾准看来，在世界史上是例外而不是通例。要实行，除非复古，而复古是行不通的。因此，他极力推崇英国的代议制，认为这种"间接政治"，是一种复杂精巧的、适合广土众民国家实行民主政治的制度；迄今为止，还没有哪一种足以代替它的制度。他多次强调，在广土众民的国家里是无法实行直接民主的。他说："不要奢求人民当家作主，而要考虑怎样才能使人民对于作为经济集中表现的政治的影响力量发展到最可能的程度。"他特别强调说："现在全世界，尤其中国，还远没有到这个程度，人民群众在政治上永远是消极被动的，能够做到当前掌握行政权的人不发展成为皇帝及其朝廷,已经很不容易了。奢望什么人民当家作主,要不是空洞的理想,就会沦入借民主之名实行独裁的人的拥护者之列。要知道,人家让你读六本书,读巴黎公社史,目的就是让你反对两党制啊!"

对于希腊城邦制度,自由主义者批评了那种近于理想化的描述。因为在那里,更多的是集体主义,而不是个体主义。古代希腊人在讨论自由的时候,主要考虑的是公共事务决策中的政治参与;整个的城邦政治生活都是把群体的独立自由放在第一位,而对个人的自由权利知之甚少。贡斯当和霍布斯都曾指出过这一点。有意思的是严复在取名《群己权界论》,译介英国著名的自由主义思想家密尔的著作时,就没有接受他的轻群重己的思想,而舍弃原书中论述个人自由作为一种终极价值的部分。顾准介绍英国的政治制度时,着重的是议会民主,亦极少谈及个人自由问题。这种有意无意的忽略,说明顾准的关切点,仍然在国家而不是社会,反映了一个曾经作为国家领导干部和高级"幕僚"的知识分子的人生履痕。民主作为现代的政治概念,它包含个人自由和社会平等的双重意义;因此,是与以"不平等的自由"为基础的"贵族制"相对立的。大约也正是为此,法国历史学家托克维尔高度赞美了

"平民化"的美国式民主,而对"贵族化"的英国式民主兴趣不大。托克维尔一生中最为景仰的思想导师卢梭——世界对他至今仍然毁誉不一——激烈批评代议制度,指出它"也源于封建政府,起源于那种使人屈辱并使'人'这个名称丧失尊严,既罪恶又荒谬的政府制度"。他认为,人民主权是一种不可剥夺的权利,对于自由的人民来说,主权让一些议会代表去代表,与让一个君主去代表是一样不可能的。代议制的实行,只能使人民在本质上丧失了自主,因秩序而牺牲自由。如果直接民主因为包含了个人－人民的自主权利而使它具有现代性,那么在理论上,应当是发端于卢梭的民主学说,而最早实践于法国大革命。这场革命,以它的残酷性使人至今记忆犹深;但是它的影响及于全世界,包括英国议会制度的完善,都是受了它的沾溉的。所谓"直接民主",实际上并没有一套完整的理论;作为一种民主实践,法国革命也只是某种尝试而已,并不等于是"直接民主"的标准范式。但是无论怎样,是不能以法国革命后期的暴力恐怖而彻底否定作为一种开放性理论的"直接民主"的合理性。托克维尔在《美国的民主》中写到普选的不断扩大的例子,应当算是提供了一个思考"直接民主"的角度。他说:"当一个国家开始规定选举资格的时候,就可以预见有一天要全部取消已做的规定,只是到来的时间有早有晚而已。"顾准质疑马克思在《法兰西内战》中阐述的思想原则,其实,建立在巴黎公社的直接民主实践之上的"由社会改造国家"的思想,正是马克思主义的光辉部分。关键在于如何看待一个民主一多数的问题。著名的德国革命家卢森堡曾经就歌德说过的"令人讨厌的多数"这句话,指出:"这种多数是由少数几个强有力的首领,'一些随机应变的骗子、被同化的弱者,以及尾随在他们后面的、完全不知道自己需要什么的群众'组成的。"人们常常把苏联十月革命同法国革命并提。对于十月革命,作为"工人阶级专政的试验",致命之处正在于,它是由极少数领导人以阶级的名义实行的,而并非什么"阶级的事业"。为此,卢森堡批评了列宁和布尔什维克党,说他们把专政和民主对立起来,其实只要专政,不要民主。她说:"无产阶级专政是阶级的专政,不是一个党或一个集团的专政,这就是说,最大限度公开进行的、由人民群众最积极地、不受阻碍地参加的、实行不受限制的民主的阶级专政。"她提出,自由不应当成为一种特权,必须给"持不同思想者"以自由,惟有这样的自由才是真正的自由。她指出:"随着政治生活在全国受到压制,苏维埃的生活一定会陷于瘫痪。没有普选,没有不受限制的出版和集会自由,没有自由的意见交锋,任何公共机构的生命就要逐渐灭绝,就会成为没有灵魂的生活,只有官僚仍是其中唯一的活动因素。"在这种情况下,就会出现与人民群众无缘,而只由"一小撮政治家的专政"的局面,从而"引起公共生活的野蛮化"。她还强调说,"这是一条极其强大的客观规律,任何党派都摆脱不了它。"关于社会主义,她并不认为是近期可以实现的,而是"十分模糊的未来的事情"。社会主义是一块"处女地",决不可以靠钦定的,靠命令和法令推行,相反只有在探索中实践中进行。她讨厌设计师的角色,不信任先验的据说是"伟大正确"的各种计划和纲领。她说:"只有经验才能纠正和开辟新的道路,只有汹涌澎湃的生活,才能使人民想到成千的新的主义和形式,解放创造力,由自己纠正一切错误。"然而,近代以降,许多被称作"直接民主"者,根本不是直接民主,正如许多蒙"革命"之名的暴力事件不能称作革命一样。1919年冬,杜威来华讲演时,对民主作了"四要素"的区分。陈独秀基本同意其中的分析,但作了一点重要的补充,就是认为:只有一种代议制和立宪制还不足以保护政治民主,有必要补充"人人都有直接议决权"一条。他同时指出,社会民主和经济民主比其他要素即政治民主和民权民主更为重要。他说:我们现在要实行民治主义,"这基础是什么?就是人民直接的实际的自治与联合。"自治是直接民主的核心,是人民不间断地直接参与行使权力;而间接民主是托管,是一种对权力的限制和监督,两者有着根本的区别。关于直接民主和间接民主,美国著名政治学家萨托利在其有影响的著作《民主新论》中指出:"这两种制度的差别主要是理想的差别。"因为实际上,也正如书中所指出的,"我们的所有民主都是间接民主,即代议制民主,我们受着代表们的统治,而不是自己统治自己。"作为一个早年投身革命的知识分子,顾准经历了一条"理想主义到经验主义"的道路,他从民主运动中来,而饱受"群众专政"之苦,这对于他的民主思想的形成是有决定意义的。他所以不同于马克思、卢森堡、陈独秀等革命家对人民自主自治方面的理论,总的来说,是基于中国历史经验和现实的考虑。应当承认,他对"多数"怀有一种不信任态度。正因为如此,他才主张培养贵族,以贵族消灭贵族。而贵族,在顾准所推崇的雅典民主政体中的作用是独特的;而且英国人的绅士风度,以及反映到政体上的温和表现,也都跟这贵族特质有相通之处的。顾准是一个现实主义者。他所以选择"间接民主",还因为它是目前唯一可行的平稳的制度化民主。但是,以可行性排除"直接民主"的可能性,使间接民主成为一个封闭自足的系统;仅就自身建设而言，离开社会群体的冲击、渗透和长期压力，也将不利于议会制度的修正与完善。直接民主或曾表现于某个特殊时期，但迄今为止，基本上是作为长远的政治目标，一种政治理想、理念和理论而存在。如果肯定间接民主而排拒直接民主，着眼政制建设而轻于社会改造，偏重过分现实的考虑而缺乏理想的导引，就像顾准一样，顶多回到"一个主义，一个党"的背面，即所谓"社会主义两党制"那里去。好在顾准本人并不否认革命的意义，说："人间世的基调是进化，革命则是进化受到壅塞时的溃决。"这就把顾准和据说喜欢顾准的秩序主义者区别开来了。

顾准自白说："我是一个'倾心'西方文明的人，我总有拿西方的标准来评论中国的倾向。"他自我辩护道："若无欧风东渐，五四运动何能掀起，孔子怎能打得倒？科学与民主我们还是太少。第三世界的兴起，若靠传统的老本钱，我看还有问题。"科学与民主是舶来品，中国的传统思想没有产生出科学与民主，他是把这些作为历史的事实加以陈述的。他指出，"直到现在，中国的传统思想还是中国人身上的历史重担"；"批判中国传统思想，是发展科学与民主所十分必须的。"他所做的工作，简直处处在以希腊罗马－基督教思想为基础的西方文明，否定东方－中国的文化传统的。而这，正是对五四新传统的一种独立的继承。他表示说："五四的事业要有志之士来继承。民主，不能靠恩赐，民主是争来的。要有笔杆子，要有用鲜血做墨水的笔杆子。"他自觉坚持一个知识分子启蒙战士的立场，非常清醒，勇敢而果决："今天当人们以烈士的名义，把革命的理想主义转变成保守的反动的专制主义的时候，我坚决走上彻底经验主义、多元主义的立场，要为反对这种专制主义而奋斗到底！"

像许多卓越的人物一样，顾准的民主思想也会有他自身的局限、不完善、甚至错误的地方，但他毕竟是立足于现实批判的前进的思想者。就在批判意义上，使他和张中晓永远不同于那些宫廷式和学院式人物。他们两人都不会使用说教的、炫耀的、讨好的语调。他们是独语者。世界不让他们发出声音，他们的火力，最终只能毁灭自己。他们都在中途仆倒了。他们的命运和身后远远未及完成的著作，常常令人想起古人的一句话：

覆巢之下，安有完卵？！

文革时期沈阳街头常见的群众游行场面

1966年11月,上海工艺美术学校和上海戏剧学院批斗现场

后文革：一个倒影

十年"文革"，终于梦魇一般过去了。

1978年，中国共产党十一届三中全会的召开，宣告结束以阶级斗争为纲的思想路线，代之以经济建设为中心，建设"有中国特色的社会主义"。在某种意义上说，这是一个转折，然而相当艰难。当时，像"实践是检验真理的唯一标准"这种马克思主义常识的提法，尚须通过党报审查，而且迂回曲折，由此可见一斑。一个叫作"思想解放运动"的运动，以大胆而谨慎的态势在全国展开。在短短两三年内，竟然打破了不少禁区，在政治、经济、文化教育等多个领域内取得相当的成果。"凡是派"一词，它的出现和销匿带有象征意义。从此，"阶级"宣告取消，"政治运动"不复存在，大批错案陆续获得清理和平反。"黑七类"和众多"可以教育好的子女"，可以告别残酷的现代"种性"制度，而无须顾虑在生存空间中被"划清界线"了。人民公社解体。数万万农民以退为进，摆脱集体的束缚，恢复了"男耕女织"的自由；或者以流民的形式，汹涌进入现代都市。"个体户"出现了。中外合资企业出现了。股票和期货市场出现了。"经济特区"在南方和东方海岸先后亮相。留学潮出现了。爵士乐队和时装模特出现了。在大学生中出现"萨特热"。意识形态的缺口愈来愈宽。西方现代思潮犹如季候风,再度吹入中土。在城市,在乡村,在机关学校,到处都可以听到冰河里解冻的嘶嘶声……

知识分子地位有了明显的迁升。他们从被贱视、被管制、被奴役的地方走来,经过长长的荆棘路走来,参加北京召开的文代会和科学代表大会。在大门外和走廊里,他们抱成一团,彼此抚摩伤痕,泪落如雨或笑逐颜开,庆幸自己以致整个群体的解放——他们称为"第二次解放"。在初照的阳光底下,他们书写和欢呼:春天!春天!文艺的春天!科学的春天!……

胡风"集团"分子和庞大的右派分子群的平反,在知识界是一件大事。苦难成了庆典。知青出身的作家和学者风华正茂,然而,他们也都有着上山下乡的历史,有资格使用一本美国文学史的题目,就是"流放者归来"。还有文革前的地位显赫的老干部,由于在运动中几乎无一不是"走资派"而被打倒,于是登台就成了"复出"。他们成了知识分子的头脑和骨干。在各级组织的领导岗位上,他们恪尽职守,由于他们的声望和成就,而被吸纳到政协或别的具有政治影响力的地方。如果"利益"这个原出于经济学的字眼可以随意用于社会学方面,那么不管如何的

"失而复得",这些知识分子都可以称为既得利益者,而知识分子群也都成了既得利益集团。长期与阶级斗争相伴随的教育环境,使他们的知识结构显得比较单薄粗陋,缺乏深厚的修养,难得有一种知识分子的气度。在斗争中,他们难以自持,心灵受到玷污,人格遭到扭曲,这在文革前和文革中的表现是可以得到足够的证明的,总之,"曾经沧海难为水",习惯于在某个环境中生长的生物,即使一旦改变了环境,也仍然要带上被环境改造的痕迹,何况环境的迁变在短期内也不可能怎么彻底。《法门寺》里的贾桂站惯了,便坐不下来,当这批人物获得命运垂青的时候,大多进入中年,部分已届暮年。加上这样一种生理上的不可抗拒的因素,所以,除了极少数能够保持清醒的头脑以外,知识分子普遍为一种满足感所支配,基本上趋于保守。有的甚至环境愈见"宽松",心态愈见保守,未必一定在"文革"般的专制时期便如此。只要回到组织之中,这是最普遍的心理。当时,在知识界有一个很流行的词,叫做"心有余悸",与其说是害怕冒险,倒不如说害怕失去。这种状态与五四一代那份激浊扬清的气概比较起来,不啻霄壤之别。

八十年代初,先后有过"反自由化"和"清除污染"的不叫运动的运动。知识分子中一时形成的那般对"反右"和"文革"的带有某种自叙成分的控诉,虽然不见得比当年贫下中农"忆苦思甜"的内容更深入,还是受到了一定的遏阻。然而,时代毕竟进步许多了。白桦的《苦恋》等等,虽然在批判声中作过检讨,毕竟规模递减了许多,不至于有缧绁之忧。鲁迅这个老练的批评家早已看透了中国知识分子"无特操"的特质,说是惯于"看风转舵";此时却不见得都跟着转向,倒是学会了隔岸观火,与外部世界保持相安无事。或许,这也算得上又一种进步罢?总之,政治——这里已非权力操作范围,乃属现实社会关怀——淡化是一个注定的倾向;刚刚兴起的批评热情减退了,"义愤"消失了,恢复了的痛觉渐渐变得迟钝和麻木起来。随着对人道主义和异化问题的批判,知识界转向"文化热"。对文化的这种兴趣与五四不同,它不是人生的,而是复古的;不是前进的,而是退让的。中国的文学批评家仿佛接受过秘书训练,总是惯于将一些复杂的现象,作出极简明规范的分类,如"伤痕文学"、"改革文学"等等,仿佛往昔的"伤痕"与当下的"改革"无关似的。但到了中期,善于演进的文学一古脑儿跑去"寻根"去了。现实主义据说已经过时,小说界于是有了接二连三的先锋试验。学界则大谈"方法论",大概跟寻根或各种试验的工具有关,"价值观"无人旁顾。后期风气似乎略有变化,旧学者要"新启蒙",新学者要"新权威";闹闹嚷嚷地,一场风波也就这么过去了。

九十年代挟风雷而至,知识界又有了新的布局。在主旋律之外,一些名流开始倡行快乐主义,幽默作风,超脱活法。在哲学界,人人争栖"语言"之塔,文学界盛行小品文,坊间塞满各式酸腐、琐碎的劳什子。学院里有提倡人文精神者,有提倡宗教精神者,自然有人提倡文件精神。老庄热过之后,孔子大行其道。海外新儒家登陆之后,国学勃兴;影响所及,竟至于朝野纷纷参拜黄帝陵和夫子庙。"后现代"巨贾不多,小贩不少,然终日剧谈"解构"而不见解构。有当代醇儒,舍"道统"而谈"学统",发誓担此建立"学术规范"之大任。两年来,"自由主义"成了一个颇受欢迎的术语。许许多多人物,不论文化遗民或国家政要,都被尊为自由主义"大师"。在自由主义的旗号下,学者谈市场,谈效率,谈国际资本,谈社会正义,谈捍卫"封建的自由",但也有谈"主义"而不谈"自由"者。有一种新的"无冲突论",倡议"分享艰难",主张"磨合"固有的差异和矛盾。从"躲避崇高","告别革命",到"中国可以说不";从保留"传统革命意识形态的某些具有镇制功能的价值符号",到"民主是煽动社会不满和鼓动社会风潮的手段",到"把共产主义作为宗教理想而不是社会理想",高调不绝,出语惊人。但也有反其道而行之者,将崇高等同于个人威权,将"文革"一类盗寇式的破坏充当"革命"。十年来,种种蓄势,造成民族主义、国家主义再度高涨;而保守主义也就得以借机流行了。

黄钟毁弃,瓦釜雷鸣。

五四作为现代化中的一个文化命题,从来未曾被知识界认真探讨过:1949年以后,虽然被法定为"青年节",亦一般限于礼仪化纪念,而当时青年叛逆者那种无所不至的批判精神,已然被今日的青年所遗忘。当个别青年起而批评"权威"时,往往遭到"借批名人出名"的大棒的威吓。出现在八九十年代的这种名人作派是极其可笑的。五四时受到挑战的名流,便从来未曾有过这般自以为高贵的论调。史学界做的多是史料的搜集工作,说是意在实证罢,却都有意避开五四与陈独秀胡适的关系,避开五四与国民党人的关系,直到近期才有极少数相关的专著出版,更不要说精神方面的发掘了。五四对于我们来说,历史是不完整的。要谈论五四,首先必须恢复它的真实性和完整性。五四的现代性为学界所关注,还是八十年代后期的事情;它从来未曾像七十周年纪念之际那样被热烈地讨论过。九十年代中期,五四再度成为热门话题。围绕五四出现的人物、事件和问题,不断见诸报端。由于五四与中国现代化的出路密切相关,因此,对五四的讨论与评价,完全可以作为一个聚焦点,或者一个重要侧面,从中洞见知识界的生存状态和思想倾向。

对五四批判的批判,除去"国粹派"不说,早在运动之后不久就发生了。至少蒋介石是有代表性的一位。近几十年来,在台湾和海外,都不乏学者用洋枪加祖传火药远程射杀五四精神。在中国大陆,无论是主流意识形态的捍卫者,还是西方现代观念的宣传者,对于五四,都未曾作过话语形态的根本性否定。海外学者林毓生早在1986年在大陆出版《中国意识的危机》,其否定五四的观点,数年内未曾产生什么影响力。倒是到了九十年代中期,许多学者,突然跟着花衣吹笛人跑了。

林毓生对五四的批评有许多方面,突出的"创见"有两个:一是"全面反传统",他指责五四人物过于激进,破坏性强,开了"文革"的先河;二是"创造性转化",就是说现代化的资源可以在老祖宗的后花园里找,"转化"比"拿来"方便。九十年代,李泽厚到了国外,声言厌恶"政治",其实倒是由自己把一个美学家给政治化了。像他就很关心政制建设,说:"即使如何好的多党制

(反对党制)也不能立即直接搬用于中国,如果目前一下子全部开放,便很可能出现一万个政党。党派林立,互相攻讦,把社会的注意力吸引在大量的争论吵闹中,从而人心动荡,无所适从,任何决策和执行阻碍更大,经济发展大受影响。……二十年前又有过'文革'的经验,万一因党争、派仗发生失控的变故动乱,就会不可收拾。""像选总统,反对党(多党)制度等政治民主的确重要,但远不是当前中国现实所急需。现在如实行这些东西,反而会糟糕。"他提出关于改革的"经济发展—个人自由—社会正义—政治民主"四顺序,方案十分具体。他是拥护权威的,说:"中央需要有权威有权力,所以我重视中央以及各级政府的权威。现在已经很弱,再弱就会对社会失控,就很危险。"所以,他谆谆告诫道:"与政府合作,也不一定就同化掉,现在有些人带着良心走进政府各部门,各种机关事业单位,……在允许的限度内,可以能多作一点……"在这里,我们撇开具体的政治问题不谈,仅仅回到五四的评价问题上。对此,李泽厚有过许多否定性的说法,但大部分重复他人,并无创意。如所谓"转化性的创造",与林毓生"创造性的转化",不过倒转一下罢了;他说的"西体中用",其实贺麟早在四十年代就把这个主张提出来了。在否定五四方面,他比海外学者走得更远。

他明确说："我不太相信上层建筑革命、意识形态、文化批判这套东西能使中国问题得到解决。"五四就是"这套东西"。五四的确不能解决全部的中国问题，但是，至少有助于促进问题的解决。况且，作为知识分子，只能拥有和使用"这套东西"，除了政客化的学者，他们别无长物。当然，仅就思想文化本身而言，也不能说就不成其为"问题"。李泽厚还有着比那些反对五四激进主义的林毓生们更为激进的地方，就是："告别革命"。虽然许多学者的论调也包含了这层意思，然而琵琶半掩，毕竟羞涩，不像他这般明朗，完全走出屏风之外！

九十年代的王元化，大不同于八十年代的王元化。他不再"为五四精神一辩"了，在这个问题上，据说他经过"近年反思"，已经有了很出色的新见解了，就是："今天不能简单地继承五四，而应对五四的缺漏进行补充。"他表白说，他早年也很激进，"但九十年代初由于想通过思维方式与思维模式的探讨去发掘极左思想的历史根源"，于是，"反思"的结果，就不能不为真理——"最高的幸福"——"抛弃一些'最心爱的意见'"。对五四的批评，是同"国学热"一同兴起的，想来有深因在；令人困惑的是，早在八十年代末泛起的"后现代思潮"，也同时向五四发起攻击。"后现代"的才子们认为科学民主不过是西方话语霸权的产物，中国五四以来近一个世纪的文化思想都为西方话语所殖民，五四的一代对西方的殖民话语完全掉以轻心，在接受启蒙话语的同时接受了殖民话语，所以才对自己的文化传统采取了简单粗暴的否定态度。他们不知道，五四先辈即使被"殖民"，也没有半点殖民心态；倒是他们今天做定了"主权国"的英雄，却嚼着满嘴化不掉的洋名词不放，成了"梦里不知身是客"的十足的孱头！就这样，在民族主义的路标那里，"后现代"和"前现代"走到一起来了。

学者们对五四的攻击集中在激进主义上面。现代的学者比公开标榜"国粹"的传统的学者聪明，就在于他们在字面上总不肯把五四给"全盘"否定，大约因为这样将给人以有欠全面、公允和宽容的印象而有损学者的形象罢？然而实际上，这里肯定与意在否定的东西，明显是相悖的。比如林毓生评价说："五四人物，不是悲歌慷慨便是迫不及待；但在思想上的建树，实在是非常有限的。"又说："在一定意义上说，他们热忱地献身于激进的目标，完全无视各种客观和主观因素的限制，使他们招致了理性的批判。然而从另一方面看，他们激进地拒斥中国遗产也扫清了许多妨害解决现代中国问题的邪恶势力或毫无用处的思想和实践。"但是试想，如果五四人物不是"迫不及待"地采取"激进"的行动，那些"邪恶势力"难道是可以"扫清"的吗？难道我们不嫌"扫清"一词太激进主义一点了吗？李泽厚一再强调他不赞成启蒙运动，因为"这种运动仍然是内容第一，破坏性的"；早在1989年纪念五四时就提出："'五四'有一个'激情有余，理性不足'的严重问题，它延续影响几十年直到今天。所谓'激情'，就是指急进地、激烈地要求推翻、摧毁现存事物、体制和秩序的革命情绪和感情。"王元化扔掉启蒙的短衣，换上"国学"的袍子时，对于他一度赞赏过的五四的这点精神，也随即变得避之惟恐不速了。其实，这是一种"激'退'主义"。"激"是一致的，丝毫不见平和。他说："我对于激进主义的认识是用了半年多时间仔细阅读了大量资料而形成的。当时并没有想到激进主义问题，我的反思主要还在其他方面。但读了这些资料以后，我认为激进主义纵使不是极左思潮的根源，也和它有着密切的联系。"他解释说，"我是把激进主义作为采取激烈手段、见解偏激、思想狂热、趋于极端的一种表现，它并不是专属于哪一个政治党派的。"后来，他跟海外学者弄了个对话，又说："我们在二十世纪变动太厉害，这跟五四那一套有很大关系,不能不承认五四是一种历史的切断,带来了不好的后果。""并不是说激进有什么魔力,而是有这样一个基础和背景,每一次激进改革都是失败,而每一次失败都认为是不够彻底,下一次改革就要更激进,结果到了文革时期的'两个决裂'。这个根源恐怕要追溯到五四。在这个情况下,产生极端、偏激、暴力、极左的企图来变更社会。"何新也说,"我说激进反传统不利于现代化","一百年的历史经验表明,中国总是吃激进主义、急躁情绪的亏。"然而,"激进反传统"的五四恰恰成了"现代化"的一个源头。我们今天是更多地受益于五四的成果呢,还是吃了它的亏呢?从陈独秀直到闻一多,都是一直被骂为"急躁"或"浮躁"的人物的。

"1989年之后,我国学界共同对激进的思潮进行反省",刘再复在他的学术计程表上作了如此的记录。对五四的激进主义的批判,便是"反省"中的一部分。关于激进主义,这个概念的边界不大明确,当它在西方受到攻击时,是被指为"自由主义"的,边沁就被称为"彻头彻尾、货真价实的激进主义者"。如果激进主义指的是现代的进步的观念,包括自由主义的思想成分在内,指的是旨在变革社会的一种战斗的、不妥协、不退让的状态和立场,指的是一种偏激的、片面的、批判的思维方式和行为方式,那么我们无须为五四人物辩诬。他们所以激进,是因为要在短时段内毁坏一个压迫了几千年的巨物,他们要把许多代人的任务由一代人担负起来。的确,他们是一群"夸父",不自量力,但这,并不就像李泽厚说的那样惟凭一时"激情"的冲动而失去理性的支持,或如王元化所说的那样全出于"意图伦理"而不讲"责任伦理"。相反,这是非常富于理性,富于历史责任感的一代。他们正是充分估量了对手的强大包括民族自身的惰性等等,估量了变革的可能的无效性,所以才有了种种过激的、极端的说法和做法。惟其有了这种策略,这种拼命的努力的抗争,才取得了为此后几代人所不及的成绩。这成绩,也并不像诋毁者说的那样,是只有破坏没有建设的。在这里,建设与破坏实际上同期而至。比如推翻文言文而使用白话文,就是了不起的成就。在废科举之后,哲学、历史学、政治学、心理学、教育学、社会学等等,作为现代学科建设,倘不是全然填补空白,就是在框架结构和研究方法上做了重大的革新。单说价值观念,也都是全新的,建设的。在宇宙观方面,仅说变化,就不是《周易》的变化。宪政思想的建设,同民主、科学、自由、人权等普遍的口号密切相关,而中国一直以来是只有"家法",没有像样的宪法的。当时,辜鸿铭即力尊独裁之大权,不但指共和为叛逆，连英国式的君主立宪，也属"无道"，其意即一国中只应有"上谕"而不应有宪法。这种力图维护君道臣节礼教纲常的保皇言论，是刊载在王元化声称必须作"再认识再估价"的杜亚泉的《东方杂志》那里，并作了肯定的。现代的人道主义不是孔子的"仁"，民主也都不是孟子的"民为贵"，个人主义自由主义是绝对没有的。在五四时期，许许多多新名词的出现，其实意味着价值的颠覆与重建，而不仅仅是新名词而已。激进主义，在历史上任何天然的群众运动中几乎都变得不可避免。这个问题是值得认真探讨的。就拿五四来说，这些学者在指责当时如何"激进"的时候，就没有谈及这"激进"所由产生的条件，这种共同的忽略是饶有意味的。对于一次重大的历史性变革，激进与否，激进多少，在很大程度上是取决于变革的前置部分，倒不见得是变革者一时的头脑发热或故作姿态。五四时候，反对新文化运动的势力如何呢？从著文诅咒，一直到动用诸如解除职务等行政手段，以致出动警察，武力解决。陈独秀最后被迫离京赴沪，连生活都一度成了问题。被毛泽东称为"反人民不反共产党"的章士钊，是反对白话运动的著名悍将，任军阀政府的教育总长，对付青年学生的过激手段是人所共知的。政府是有力量的，为什么不可以宽容一点呢？"国粹"乃系正统，为什么不可以宽容一点呢？然而，我们的学者指责的，惟是启蒙思想者和新青年一代的激进与不宽容！

桑巴特的题目："为什么美国没有社会主义？"因为那是一个没有封建秩序和贵族历史的国家，用马克思的话说，是天生的现代国家。但是，美国学者戈登·伍德偏偏辩护"美国的激进主义"。他并不认为美国不是"激进"的，因为在他看来，"激进"并非是历史的罪过和耻辱。威尔·洛支指出："社会不平等像经济上的不公正一样，使人人心怀怨恨。没有经历漫长的封建时代的国家公民，很难想象封建时代的历史遗产将会多么持久地决定社会各阶层的态度。"统治阶级对于社会运动的反应方式，决定着人们的倾向性。当他们被引向要求政治权利的情况下，对这些权利的剥夺将会增强他们的被压迫感，增强他们采取激进主义的可能性。这是可理解的。所以，才有了戈登·伍德所说的事实："'激进风格'并非二十世纪所独创。"

对五四激进主义的攻击与对进化论的攻击是连在一起的。他们相信，进化论是激进主义的起源。

王元化"反思"说，过去对激进主义曾经有过"同情"，这种认识上的连续，"是由于受到'五四'庸俗进化论的影响"。他在《清园近思录》中说到:"过去我们对进化论的积极意义谈得太多了,至于消极方面则很少谈到。鲁迅在二十年代下半叶说,他过去认为青年必胜于老年,大革命的血腥屠杀才使他纠正了相信进化论的偏颇。鲁迅也许是在我国现代思想史上最早对进化论进行自省的人。不过这种反省只限于指出进化论缺乏阶级观点;至于'新的必胜于旧的'这种观点,则并未触及,甚至毫无改变。(例如纠正只信进化论偏颇的是惟有新兴的无产阶级才有未来,这里所肯定的是无产阶级是因为它是新兴的缘故。——作者补注)如果要探讨当时所形成的庸俗进化观对二十世纪中国思想界带来的消极影响,就应着眼于今天仍在支配思想界的新与旧的观念。这种观念认为新的都是好的,进步的,而旧的都是不好的,落后的。所以谈论旧的就被目为保守,批评新的就被目为顽固。在进化论思潮下所形成的这种新与旧的价值观念,更使激进主义享有不容置疑的好名声。这种影响在今天的思想界和文艺界也同样存在。……据其原因,即来自长期所形成的'越彻底越好'和'新的总比旧的好'这种既定的看法,并以这种看法去判断是非。"近年来,在中国的文艺界和学术界,确乎存在着一种"赶时髦"的现象。而在进化论的演变过程中,出现把人类社会等同于自然界,机械搬用达尔文学说，形成所谓"社会达尔文主义"，并因此造成不良影响，这也确乎是一个事实。"新"与"旧"是相对而言之的，有时候相当含混，但是当绝对化到"新的必胜过旧的"时，是否会认为试管婴儿必优于婴儿，而未来的"克隆人"又必优于"试管人"呢？一时也很难说。但是，必须指出，在复古主义－保守主义思潮重新抬头的九十年代，"新"与"旧"的划分却有了思想斗争史的特殊意义。我们知道，达尔文学说最早介绍到中国，始于严复的《天演论》。然而，这译著是"做"出来的，并不忠实于原著。译者是把赫胥黎与斯宾塞的思想进行取舍与整合，以表达一个中国近代思想先驱者鉴于"自强保种"的现实要求和基本立场。其中，斯宾塞被公认为维多利亚时代英国自由主义的代表人物，其社会进化论本质上是个人主义的；而赫胥黎，素有"达尔文的斗犬"之称而为鲁迅所赞誉。透过思想的棱镜，于是我们看到，进化论呈现出了不同的影像：有西方的进化论，也有中国的进化论；有学者的进化论，也有战士的进化论。在五四发挥影响的进化论思想，正是被严复改造过的达尔文思想，是中国的战斗的进化论。首先，作为一种新的宇宙论，它瓦解了传统的天人合一、天道不变的帝制宇宙论；在普遍价值的原则下，以一种危机感，唤醒"铁屋子"里熟睡的国民；在因循守旧的生活中，在抗击反对倒退的政治复辟势力和复古的思想势力的斗争中，它给予时代的人们以进步的信念和前进的勇气。这就是进化论在五四的意义。作为一种学说或理论，有它的局限也即"偏颇"，这是不足为奇的。奇的倒是王元化在指出鲁迅在"反省"进化论时，只限于"缺乏阶级观点"，而对"新的必胜过旧的"的观点则"并未能触及，甚至毫无改变"。他举唯一的例子是：鲁迅说了"惟有新兴的无产者才有将来"的话，而这尚未纠正进化论的"偏颇"——其实也就是鲁迅的"偏颇"——的要害就在于"这里所肯定的无产阶级是因为它是'新兴'的缘故。"鲁迅说及进化论的"偏颇"，我们可以做两个层面的理解：浅表的层面是语言学、修辞学方面的，暗含国民党的"清党"是一种倒退、退化，世界不容乐观；另一个较深的层面是观念上的，认为社会上的事情毕竟不同于生物界，是有着复杂的阶级关系和别的社会关系的。正是在这个意义上，他能够认同马克思主义的"阶级论"。至于"以为惟新兴的无产者才有将来"一语，在原文中也当有两层意思：一是"无产者"无论在世界在中国，确属"新兴"，这是一种客观实在，没有什么可怪异的；二是不满于当时创造社、太阳社之动辄"无产阶级"，所以用了"新兴"二字，以顺带讥嘲和否定那些挂了"无产阶级"

之"匾"的非急进的急进革命论者。但是,即使承认进化论有它的"偏颇",鲁迅也从来未曾否定过进化论,否定过进化论在五四的作用,并以此否定五四。至于对"新的必胜过旧的"这"偏颇",鲁迅太有警觉了。他早已明澈地意识到中国的改革中的羼杂和反复的特点,从来不迷信"新"。他曾经多次指出那些往往以"新"的面目出现者,实系"沉滓的泛起",此外还有"老谱将不断的袭用"等等说法。鲁迅不管如何被一些稳重的学者骂为"趋时",总不至于天真或糊涂到不辨新旧的罢?倒是王元化之批评五四,实在未曾出"新"。即以对进化论的否定,也不过反刍为他近年所深爱的杜亚泉在《精神救国论》中的陈词老调罢了。

英国著名史学家霍布斯鲍姆在《革命的年代》中这样说:"启蒙运动的捍卫者坚信,人类历史是上升的,而不是下降的,也不是水平式波浪起伏的。他们能够观察到人类的科学知识和对自然的技术控制的日益增进。他们相信人类社会和个人发展都同样能够运用理性而臻于至善,而且这样的发展注定会由历史完成的。对于上述论点,资产阶级自由人士和无产阶级社会革命分子的立场是相同的。"波普也表述了同样的观点,说"达尔文革命仍在进行",虽然同时指出,"现在我们也处在反对革命的潮流之中"。

革命是激进主义的极端形式,因此,同时遭到学者的唾弃是必然的。

早在八十年代末,李泽厚就在改良与革命问题答记者问时宣称:"不能盲目崇拜革命。"他说,像法国大革命,辛亥革命等等,都不是"好"的革命,值得重新估价。何新把"文化大革命"与法国革命进行类比。王元化则把五四的"思想革命"同辛亥革命,乃至俄国十月革命等等联系起来。整个九十年代,学界回荡着一种反对革命的浮嚣之声。

革命没有什么可怕,其实革命就是改革,它不是必然要产生暴力和流血的。卢森堡,这个被称为"嗜血的"女性,的确不曾否定暴力革命的作用,但是对于暴力,她只是把它看作是"最后的手段",不得已而用之的。她说:"这不是出于对暴力行动或革命浪漫主义的偏爱,而是出于严酷的历史必然性。"法国启蒙思想家马布利撰写过一本描述法国革命史的书。直到那时候为止,在法国,"革命"一词都是用来指称动乱的,是马布利在书中赋予"革命"的词义以一种可以推动社会自由民主化的积极的意义,在法国的革命观上打开历史第一个缺口。他指出,以革命破坏秩序固然是坏事,但是对于一个民族来说,不自由或者受奴役无疑更坏。如果要在"革命"和"奴役"之间作出抉择的话,那么无论如何是宁可接受革命的。关于法国大革命,基佐在他的革命史中是这样辩护它的"合法性"的:"法国大革命是可怕然而合法的战斗,它是权利与特权之间的战斗,是法律自由与非法专横之间的战斗;惟有大革命自己才能提出节制革命的任务,也惟有大革命自己才能提出使革命纯洁化的任务。"他强调,必须首先站在法国大革命一边,才能真正批判和检讨大革命。他的学生托克维尔以同样的原则,认为必须首先站在民主一边,才能批判和检讨民主。这是一个基本立场问题。作为一场民主革命,法国大革命以它的鲜血在欧洲,在全世界浇灌出灿烂的花朵。美国——作为一个"新国家"的第一代开拓者,就有不少人同法国的革命者战斗在一起。即以美国革命本身来说,也都未曾避免血与火的洗礼的。托克维尔在美国考察后写成的著作中,高度赞扬美国的民主。他说,如果世界上有一个国家能使人们随意而公开地评价民主——人民主权原则,那么"这个国家当然只能是美国"。在一些人看来,自由与平等是相悖的,好像只能二者择一,不能并存。托克维尔在他的书中指出:民主国家爱平等比爱自由更热烈更持久,是因为真正的平等,是一定包含了自由在内的；有一个终极点使自由和平等汇合并结成一体。他认为，民主国家的人民天生就爱好自由，他们希望在自由中享受平等，在实在不能如此的时候，也愿意在奴役之中享用平等。他们可以忍受贫困、隶属和野蛮，但不能忍受贵族制度。"在任何时候都是如此，而在今天尤其如此。"他特别强调说，"追求平等的激情是一个不可抗拒的力量，凡是想与它抗衡的人和权力，都必将被它摧毁和打倒。在我们这个时代，没有它的支持，就不可能实现自由；而专制制度本身，没有它也难以统治下去。"

有意思的是，1989年，当法国革命二百周年纪念的时候，中国知识界曾经给予热烈的肯定性的评价。到了九十年代，它便遭到诅咒了，连同卢梭。五四之时，卢梭也颇受过一通攻击的。在诅咒法国大革命以至所有革命的同时，英国自由主义乃至保守主义，受到普遍的推崇。的确，历史上长期存在着两个对峙的思想体系，波普称作"渐进社会工程"与"乌托邦社会工程"，哈耶克则称为"演化理性主义"与"构建理性主义"，具体的例子就是英国自由主义与法国自由主义，英国革命与法国革命。事实上，英国革命虽然发生在前，但是在发展的过程中是仍然深受了法国大革命的影响而在后来起了很大的变化的。

正如雅斯贝斯指出的，英国革命只是基于宗教和民族的光荣而发动的，唯有法国大革命是第一次把革命的推动力，放在以理性原则来重建生活的决心上。他称引了康德在1789年的预言，说由于法国大革命揭示了人性中较光明的一面，所以在历史上永远不会被人忘怀。但是我们的学者并不顾及这些，在他们的心目中，英式的就是渐进的、改良的、经验的、秩序的、贵族的也即特权的，法治的也即依赖政府和宪政保护的，因而是稳定可靠的；而法式，自然是突进的、理想的、试验的、革命的、平民的、普遍的、人为构建的、不免动荡的，所以是不值得信任，应当反对的。其实，自辛亥－五四以来，英国和法国的思想革命模式，在中国知识界就一直产生着不同的影响，只是没有现在似的较为普遍一致的反应罢了。总的说来，大约就像保罗·索莱里说的那样，事情来源于两种危险威胁着世界：有序与无序。倘使用控制论来解释，那么，在一个控制等级结构中，对于来源于不同地方的威胁，不同的层面如控制层与被控制层，其间反馈的方式，感应的强度和所受震荡的幅度大小是很不同的。过去如此，现在也如此。

英国的柏克，这名字近来被学界鼓吹得很响亮了。哈耶克——英式自由主义的拥护者——是将他与休谟、斯密并列为自由主义的杰出代表的。其实，柏克除了对等级制,士绅精英的统治传统十分尊重,这个对巴士底狱被毁感到遗憾的学者,在他心目中的自由只能是贵族的自由。对于他1790年出版的反对法国大革命的著作《法国大革命的反思》,有"自由主义之父"之称的贡斯当指出:"该书的荒谬之处比该书的字数还多。"英国另一位自由主义思想家伯林认为,柏克的主张中有某些东西是"极端反自由主义的",他说:"我不能不感到自己同情法国大革命,也是在这程度上不能不对尊敬的柏克有某种厌恶之心。"对于法国大革命,直到1791年6月,他还有过很明确的表态:"在我看来,法国大革命确实唤起人民去攻击偏见、攻击迷信、攻击对民主的仇视,从而为各种自由而斗争。……在法国,意识形态的分野一向可大体划分为拥护法国大革命与反对法国大革命,而那些反对法国大革命的人都是真正的反动分子……因此,如果我必须要站队,我站在法国大革命一边。尽管所有那些荒谬与恐怖确实都与大革命同在。"针对柏克对法国大革命的攻击,终生献身于革命和民主宣传的潘恩随即作出反应,写过一个著名的后来称作《人权论》的小册子,公开与之论战。他辩护说,法国革命"蓄意要摧毁的对象是原则而不是人"。人民的行动被攻击为"暴行"者,他认为,"他们是从统治他们的政府那里学来的,而把他们司空见惯的刑罚作为报复"。"政府企图用恐怖的手段来对付最下层阶级的人，从而在他们身上产生了最坏的影响。他们清楚地感到自己是要针对的目标，因而他们也倒过来自己动手干这些教给他们的恐怖事儿"。他认为柏克蓄意将事实加以"戏剧性的夸大"，指出："这些暴行并非革命的原则所致，而是出于革命发生前就已存在的坏思想，这种思想正是革命要加以改造的。"在回答柏克对大革命的攻击时，他这样评析柏克的立场："柏克先生为什么要恼怒呢？啊！原来柏克先生用意并不在法国的国民，而在法国的宫廷；每一个惟恐遭到同样命运的欧洲宫廷都在同声哀悼。他既不是以一个法国人也不是以一个英国人的身份，而是以各国闻名而无人为友的那样一个阿谀奉承的家伙的身份，即廷臣的身份，来写作的……所有宫廷的本性都是一样的……对一个宫廷或廷臣而言，没有比法国革命更可怕的了。"

法国大革命作为一次政治革命，成了中国现代思想革命的五四的灵魂。所以，五四的激进主义，在当时就引起国内的保守分子和外国观察家的恐慌。杜威曾经指出，他们大多数在看待中国问题时，"都怀着一种认为它本质上是保守主义的、不愿意改革的先入之见"。所谓"先入之见"，也就是施瓦支所说的目的论。他也曾很明确地指出过："目的论曾一再歪曲五四的历史。人们在追述

1919年的五四运动时,一再说它把1919年的中国'引'到了别的事件上:1949年的解放,1966—1969年的文化大革命,1976年的'四·五'运动……使用这种'由……导致……'的方法描述历史的人中,既有学者,也有专门从事政治的人。"九十年代利用"目的论"批判五四,否定五四的知识分子平民性质及其革命意义,可以说是八十年来所有颠覆五四的言论和事件的一次集中的倒影。这些学者一方面批判卢梭及其同时代人的理性主义;一方面使用犬儒式的理性主义——通过所谓"学理"进行"后验主义"的理性建构——而根本不予考虑历史发展情势的必然性、急迫性,以及人类个体生存价值的合理性。这种超乎实际的民主和自由需求之上的关于"主义"优劣的文化类比是典型的学者的把戏,其荒谬之处,首先在于脱离具体的民族历史环境,脱离惟有他们可以给出唯一的评判标准的当代人的生存。

傅瑞在《反思法国大革命》中指出:由于1917年俄国社会主义革命的成功,对于一种可能的、被人们希望和相信的,但是还没有内容的未来而言,法国大革命就不再是一个模型,而是演变成为一个有1917年10月这个日期记载的现实事件之母。于是,对于这样两次革命的说法,也就发生了互相混杂和影响。因此二百年来,法国大革命的历史便成了一切起源的记叙,一种关于同一性的叙说。

五四在中国有着同样的命运。

由于五四过早夭折,它的实质性意义无法得到彰显,而它那种赋予革命形貌的外在的东西,便与"文化大革命"等现实中的破坏性事件在一些学者那里混淆起来,成了民族的祸害之母。

1976年4月,天安门广场

知识分子与精神

五四的一代做了些什么？

我们的一代做了些什么？

而此刻，我们站在哪里看待这一切？

如果我们把五四的一代看作是一群可恶的离经叛道分子，复仇主义者，青年暴徒，梦游症患者，白痴，自大狂，西洋文化丐帮，口号制造商，纵火犯，教唆专家；如果我们让他们放下手中的唐吉诃德长矛，改执盾牌；让他们从星散的各地集中到指挥刀下，所有的动作，都服从于同一支号角；甚至让他们没入更浩大的群队里，犹如海洋有水，却不见河流和涓滴，没有独立的奔流；如果不承认知识分子的主体价值，把激进主义除掉，那么五四将成为空白。如果我们认同他们的价值观念，狂飙式风格，认同他们的破坏和建设，五四就是一个年青的建筑群。然而那么多矗立的群体，今天也只余一片瓦砾场了。

五四死了。五四早已整个地陷落。我们看到的是包围在外部的十字军，火光熊熊，杀声震天，原来墙垣之内早已喑哑。自由的确总是处于守势，处于危险之中。正如雅斯贝斯所说："自由不会主动落在我们身上，也不会自动地保存；只有当它上升为意识并且为此承担责任，才能保存它。"可是,知识分子内心怯弱,他们缺乏足够的精神后援,结果五四为他们自己所扼死。

俄罗斯知识分子不愧为世界上最优秀的知识族群。作为一个精神性团体,他们形成了一个独立于政治霸权之外的传统。就像别尔嘉耶夫说的,"俄罗斯知识分子最终在分裂中形成了,他们将永远称自己为'我们',称国家、政府为'他们'。"在知识分子内部,虽然也分裂为西欧派和斯拉夫派,彼此间有着激烈的交锋,然而,他们都一样深爱着俄罗斯大地,一样地热爱思考。他们忘我地迷恋于社会理想,无论如何的形而上学,仍然紧连着那大地之上的广大苦难的人们的命运,而被赋予一种深沉的道德力量。同时,他们是行动者,实践家,勇于牺牲自己。"疯僧",是世界上最富有俄罗斯特点的俗世中的圣徒形象。俄罗斯民族性,在知识分子身上表现得特别明显,那是一种超民族主义,一种独特的精神现象。有着如此浩瀚的精神环绕着他们,哺育着他们,于是他们的灵魂变得无比强壮;而他们,也在不断创造着增加着这精神。所以,无论在沙俄时代还是斯大林时代,无论西伯利亚的流刑还是古拉格的苦役,无论是自由的写作还是禁止出版,他们依旧那么高傲——甚至被流放到国外如赫尔岑、蒲宁、布罗茨基……那么多的知识者,他们是那么出色,唯以特有的精神气质,迥异于周围的人们,如同打在褪色的衣服上的鲜艳的新布补丁!

这就是鲁迅——五四时代曾被称为青年叛徒的首领——多次怀着战斗的敬意说到的,为中国所没有的俄国式的知识分子。

精神是重要的,尤其对于知识分子。赫伯特·费格尔报告说,爱因斯坦曾经对他说过:"要是没有这种内部的光辉,宇宙不过是一堆垃圾而已。"在俄国哲学家看来,人不是世界可以忽略的渺小部分,恰恰相反,世界才是人的一部分,人大于人本身。别尔嘉耶夫在《自由精神哲学》中,说人是由三部分构成的,是三维的人,是"精神-灵魂-肉体的有机体"。而精神,自然居于最高的位置。对知识分子来说,精神意味着什么呢?精神就是独立、自主,是一种操守的坚持。精神有一种彻底性,它隐含着一种对外部的有原则的对抗,固守也是对抗。这种否定的积极性来源于自我,因此,它不可能惧惮任何压力。正由于知识分子是最富于精神气质的人,所以,法国思想家鲍德里亚在谈到知识分子时,特别指出:"对抗是知识分子最感舒适的一种姿态,这是毫无疑义的。""处在边缘是知识分子的本真状态。""知识分子不可能促成肯定性。认为自己能够促成或创造肯定性价值的知识分子，往往是保守的。"所以，米尔斯在论及"发达资本主义社会"时，也指出说，最有可能继续进行反对现行体制斗争的社会集团是知识分子。他把知识分子称作"一种可能的、直接的、激进的变革力量"。所以，对知识和知识分子深有研究的曼海姆，在他的代表性著作《意识形态与乌托邦》中指出：知识分子很难生活在一种"与现实完全一致、没有任何或以乌托邦或以意识形态出现的超念因素的环境中"。由于精神的存在，知识分子多出了一个世界。关于这个世界，一位俄裔流亡思想家弗兰克曾经这样描写道："不要在地上寻找自己的路标，这是一片无边的汪洋，这里进行着无意义的波浪运动和各种潮流的撞击——应当在精神的大空中寻找指路明星，并向着它前进，不要管任何潮流，也许还要逆流而上。"

在中国，知识分子的精神资源十分贫乏。它从古代的士阶级演化而来，而士阶级的脐带所牵系的母体——农业社会结构尚未产生根本性的改变；在市场没有得到充分拓展的情况下，依然是权力中心，知识分子的组织依附性继续存在。也就是说，还是"皮"和"毛"的关系。作为现代意识，人道主义和个人主义传统并没有形成，因此，很难获得一种源自精神本身的独立性，随着经济改革的进行，知识的商品化和制度化，并不曾阻止几千年古老传统的幽灵对我们的缠绕。五四时候，鲁迅和他的战斗伙伴有过一段关于"铁屋子"的对话。黑暗的"铁屋子"，自然无法产生俄罗斯的那种精神漫游者。我们不像西方那种宗教国家，我们的宗教是儒教，尤其是经过历代统治者以及汉儒和宋儒的大规模改造，它对知识分子长期的精神浸淫是致命的。于是，惯于倾听宫廷的钟鼓和鸣，而对风雨之声充耳不闻，尤其是陌生于内心的人的声音。茫漠之中，没有对生命的关注，没有对生存与命运的沉思。没有精神饥渴，没有灵魂冒险，没有对真理的寻索，没有创造的欲望。当陷溺于苦难的时候，不知道拯救，只有老庄——儒教的一种补充——式的无为与逍遥。从来不期待复活，只有坚苦的忍受，我们怎样才能懂得为自己和人类忧伤？我们的眼前没有高山，没有崇仰之物；我们的胸襟没有平原，没有坦荡与辽阔；我们的内心没有河流，没有爱，没有容受力，没有自由不羁的涌动。五四知识分子在与传统社会的决裂——现代痛苦的分娩——中形成了自己，队伍那么弱小，然而他们以决死的意志反抗这一切；那种震撼力，八十年后，依然使他们的后辈为此感到鼓舞和惊悸！

　　他们在中国历史上第一次走到前台，背弃传统，扮演

"现代"的角色。在斗争中,他们创立了"社会高于政治"的俄国式命题。他们在精神人格上,完全不同于他们的先辈。他们汲取人类最优秀的精神强壮自己,发展自己,开拓中国的未来之路。然而,最终还是被传统压倒了!

五四一代的出现,毕竟点燃了国民精神的灯火。只要说起他们,我们就获得了信心、勇气、骚动的力量。"坟"不是最终的。所以,鲁迅写了"野草"。那是一种强韧的生之信息。当此又一个新世纪的黎明即将升起之际,而《国际歌》"最后的斗争"的旋律愈来愈响,冰河的涌动愈来愈迅速有力,草叶的芳香在想象中变得愈来愈浓烈,中国知识分子,我们将如何可能像五四的先驱者那样,独立承担自己的使命?

1999年3月-4月,于广州

后集权时代：黄昏，还是黎明？

20年前的冬夜，莫斯科上空印有铁锤、镰刀的红旗缓缓降下，一个雄踞欧亚大陆达70年之久的帝国宣告解体。20年后，数万示威的人群聚集在广场、公园、市中心大街，抗议国家杜马选举结果，向普京政府及既定体制发起冲击。苏联解体之后，俄罗斯第一次面临如此严峻的政治考验。

时值岁末，我读雅科夫列夫的回忆录《雾霭》。

这是一部不同寻常的回忆录。

虽然个人经历的线索相当清晰，像童年时代，读书及军旅生活，从事不同的职业，从报社编辑到政府官员，书中都有所叙述，但是，由此带出的另一条线索——俄罗斯

"八一九"事件中,叶利钦站在坦克上发表演说

苏联解体

1989年柏林墙被推倒

的命运史、变革史，尤其是苏联时期的历史——占有更大的篇幅。显然，雅科夫列夫的本意并不在于描述自己，他不想仅仅作为孤单的个人而存在，而是作为一个国家和民族的苦难的亲历者，为历史作证。

回忆录从斯托雷平改革说起。作者称斯托雷平为"俄国的伟大儿子"，给予高度的评价。代之而起的十月革命纯属偶然，甚至革命前夕，流亡国外的列宁还说革命将是下一代人的事，可见对于革命，他并没有足够的规划和准备。然而，更重要的是，相对于斯托雷平改革，十月革命唯是多余的暴力行动，它将一种破坏性强加给了俄罗斯。在作者看来，俄罗斯的灾难并非始于斯大林时代，源头乃直接来自列宁，来自革命，以及它所确立的集权制本身。

革命的破坏力，首先是对人类生命和生存权利的剥夺。十月胜利后，作者用了很多笔墨叙述杀害沙皇全家的惨剧，紧接着是肃反，查封报纸，监视和逮捕无政府主义者和社会党人，集体流放知识分子，在文化、科学界发展克格勃密探，迫害宗教人士等系列活动。书中写到对付神职人员的残酷手段，如剥头皮，在沸腾焦油的大锅里煎熬，用熔化的铅水做圣餐，推到冰窟窿里淹死，等等。继余粮收集制、禁止自由贸易、强制劳役之后，当局出动军队，对农村实行直接占领。部队武装配有火炮、装甲车，直到飞机。不愿交出粮食的农民即宣布为"人民公敌",被革命法庭判处死刑,并瓜分财产。有一个马林斯基县,将被捕的富裕农民统统勒死。农民起来造反所受的镇压,其严厉程度可想而知,整个过程广泛使用人质和连环保制度,甚至不惜动用"窒息性毒气"。其实,作为专制工具而被利用的军队同样不能幸免于难。战争期间,仅军事法庭判处死刑的人数,就有15个师之多。

监禁、流放、死亡,各种奴役和恐怖笼盖了全苏联。过去,我们一直把苏联的恶运同斯大林的名字连在一起。的确,时至斯大林时代,"红色恐怖"达于极点。但是,在书中可以看到,没有哪一个虐待或杀人项目纯出于斯大林的发明。就连因为在信中议论斯大林而犯禁的苏联作家索尔仁尼琴写到的"古拉格",也都是在十月革命过后不久建立起来的。《古拉格群岛》中的囚犯的惨苦情境,令人不忍卒读;及至读到本书关于"儿童古拉格"一节,才晓得人世间还有更其可怕的魔窟在。

2002年,俄罗斯出版档案材料《古拉格的孩子们》,至今没有中译本。我是在本书中得以了解这些毫无抵御能力的绝对弱势的广大儿童,在苏联体制下的生存状况。早在1918年建立集中营起,就拿儿童当人质,儿童随同父母一起被判决成为合法。1920年，阿尔汉格尔斯克市的肃反人员枪杀12至16岁儿童，因此该市被称为"死亡之城"。1935年，中央执行委员会和苏联人民委员会发布了《关于同未成年人中的犯罪现象作斗争的决定》，明令追究12岁以上的未成年人的刑事责任，并可对其采取一切刑事惩罚措施，包括极刑。1937年8月叶若夫发出命令《关于对祖国叛徒的妻子和子女采取镇压行动》，规定对15岁以上"具有社会危害性"的儿童均立案侦查，并视年龄、危害程度及改造的可能性，关进集中营，或者迁往"特殊待遇保育院"。1941年5月，内务部又颁布了关于在少年劳动营建立情报通报网的决定。在卫国战争期间，大批儿童被驱赶至中亚、哈萨克斯坦和东部地区，当时，"移民"死亡率每年高达27%，其中大部分是儿童。苏维埃政权根据政治局和斯大林的指示，建立起专门的儿童惩戒系统，包括儿童集中营和儿童管教所、机动的接受分配站、专设的保育院和托儿所等。正如雅科夫列夫指出的，他们利用整个系统的资源向儿童"开战"。在这里，儿童必须忘记自己是谁，何处出生；必须忘记自己的父母是谁，现在何处。1939年，贝利亚就曾经向莫洛托夫建议，给这些夺来的儿童重新命名。

这就是"儿童古拉格"。书中有一段令我十分惊悚的描写，引自诗人库尔季诺夫的回忆录。一天，这位诗人作为会计前往诺里利斯克集中营婴儿院做资产登记：——

> 跨进门槛，就是孩子。一大群不到6岁的孩子。都穿着小棉袄和小棉裤。背上和胸前都有号码，和囚犯一样。这是他们母亲的号码。他们习惯于看到自己周围清一色的女人，可是听说有男人，爸爸。于是一窝蜂朝我跑了过来，高声喊叫：'爸爸，爸爸。'这是最可怕的：小孩身上带着号码。而板棚上都写着："感谢斯大林同志给我们带来了幸福的童年。"

变态的政治伦理学。

一个肆意扼杀儿童的国家和民族，注定是没有前途的。儿童是一个特殊群体，他们的苦难带有标志性，显现了极权主义国家中的人民普遍沦为无权者的可悲的现实。雅科夫列夫担任"政治清洗受害者平反委员会"主任一职达十余年之久，阅读过数千份案卷和证词，自称对"人民的悲剧"的了解胜过任何一个人，他认为，自己有责任向俄国社会报告所有这些事实。庞大的苏联，为什么竟可以在一夜之间悄无声息地消失？帝国的命运，其实早已深植于人民的命运之中，——还黑暗于黑暗，它最终遭到历史的报复，并非出于个别人物的暴虐或政策的失误，体制才是根本性的，所以说解体是一种必然。

在回忆录里，雅科夫列夫没有过多地纠缠于苏联解体事件，实际上，他本人对苏联解体也当负有一定的责任。对他来说，解体与其说是结束，无宁说是过程，一个克服的、修正的过程，也即改革的过程。苏联体制是高度集权的，它是反人性、反人道的，自然是反自由和反民主的。社会除非不改革，要改革，就必须以人为目的，使权力返回到人民自身。

雅科夫列夫是经历过历史学专业训练的，本书就是一部二十世纪历史的宏大叙事。他在书中使用了不少珍贵史料，包括档案材料，以及自己所经历的事实，还有大量数据。所有这些材料都经过严格的挑选，不同于一般个人回忆录的感性书写；对其中若干重大事件与重要人物的评价，显示了作者卓越的史识。此外，作者是苏联的一位意识形态专家、政治理论家和实践家，政治意识强烈而鲜明。政治家和历史学家交相叠合的目光特别具有穿透力，我们看到，它贯穿从前苏联时代到后苏联时代的各种事实和问题，而直指一个目标：改革。

改革是全书的基本主题。前半部对于布尔什维克以及斯大林的极权化的叙述，其实，都可以视作从赫鲁晓夫到戈尔巴乔夫和叶利钦的漫长的改革之路的铺垫。在雅科夫列夫那里，所谓改革，主要指政治改革，或者说是政治体制的改革。他指出，那种"经济自由化，政治专制化"的改革是行不通的。"今天的问题，不能局限于经济，这是进程的物质基础"，他说，"关键在于政治体制"；换一个简要的提法，就是"改革是对单一权力的挑战"。对一个极权主义国家来说，此说可谓命中要害。民主与自由是密不可分的。民主首先是选择的自由，但是，他批评说，在这样的国家里，所有领域和所有阶段都缺乏选择。一个仍然在很大程度上保留了集权制，而且根本不准备清理的国家，一个依然没有充分的选择自由的国家，有什么可能实行真正的市场经济呢？他希望大家一起参与完善整个国家生活的进程，希望每个人都尽到伟大的公民义务。然而，他又深知，这只是在拥有伟大的公民权利的情况下才有可能。

这就是改革的全部复杂性和艰难性。

在书中，雅科夫列夫提出一个极其民主性的观点，就是：改革观念必须具备某种不受改革倡导者制约的独立性，形成自身的发展逻辑和特殊类型的革命性逻辑。就是说，社会意识要有能力真正消化改革的基本原则。他把这些原则概括为：言论自由和出版自由、多党制、分权、私有制、市场关系等。

就过程而言，雅科夫列夫认为，首要是如何对付绝对权力。对于俄罗斯改革，就是非布尔什维克化，去斯大林化。他把正统意识形态称为"新宗教"，他描述说，苏联所有关于社会主义的观念，都是建立在否定的原则之上的，以谎言毒化社会生活，对人的有罪推定成为行动准则；除了强制性，还实行积极的社会克格勃化，在几十年间，制造出大批的政治牺牲品。为此，雅科夫列夫赞扬赫鲁晓夫揭露斯大林"个人崇拜"的报告，称戈尔巴乔夫改革为"民主革命"，使国家在摧毁极权制度的方向上缓慢推进；还为叶利钦作了辩护，理由是他设法同命运达成协议，阻止了"布尔什维克式的灾祸"发生，为新的一代腾出空间。

但是，以上几位苏联政坛的改革家都无法将他们的改革进行到底。作者强调指出，这其中的主要原因，就在于他们遭遇了强大的官僚集团的阻拒。就拿赫鲁晓夫来说，他在1956年二十大所作的"秘密报告"在国际上反响强烈，获得西方政界和知识界普遍好评，但是在国内却受到斯大林主义势力的抵制。作者透露说，当时"会场死一般地寂静"，根本不曾出现如官定文本中"鼓掌"的情况。

很明显，斯大林的"个人罪恶"牵涉到整个统治集团。这是怎样一个集团呢？正如苏联最高苏维埃主席团主席米高扬对作者说："我们全都是坏蛋。"戈尔巴乔夫和叶利钦的改革，同样以侵犯整个官僚集团的利益而告终结。作者写道："普京的官僚叫嚷道：'稳定'乌拉，——这实际上意味着腐败官僚已舒服而牢固地在国有经济中安顿下来。"是谁破坏了"稳定"？作者的结论是，正是这些口口声声"维稳"的官僚。旧官僚流入了新的权力机关，可怕的是，比起旧官僚，新官僚更加贪婪无耻。

雅科夫列夫指出："今天必须至少在三条战线上进行斗争：同极权主义遗产作斗争，同现今的官僚专政作斗争，以及同自身的奴隶主义作斗争。"三者的中枢所在，就是顽固的、永不沉没的官僚势力。官僚统治集团在本质上是敌视改革的，如果改革不能在进程中清除这股势力，势必有一天陷于停顿或倒退。

根据雅科夫列夫的看法，改革的俄罗斯，"至今是封建社会主义思维，封建社会主义行为，封建社会主义习惯占据优势"。这个自称是淌过"权力诱惑的混浊河流"的人，深知极权主义遗产的沉重，从中央到地方的官僚统治的根深蒂固，所以，即使他已经相当清晰地解析了苏联的过去和现在，对于未来，却没有显示出足够的把握。他声明说，重新发现和准确评价的时代尚未到来。书名定为《雾霭》，其实是没有信心的表现。全书结束于这样一句含糊其辞、不置可否的话："可眼下是雾霭，那是曙色呢还是暮色？我不知道，不过我仍然希望那是曙色。"

这是一部关于后极权国家如何实行改革的书。比起作者此前出版的《一杯苦酒》，这里的思考更系统，更深入，因而也就显得更沉重。它让我重温了俄罗斯人在铁幕下生活的全部历史，跟随他们一起受难，一起探求废墟中的出路。作者来自苏共高层，令我诧异的是，他对马列主义、社会主义的背叛竟如此彻底。用过去的话说，这无疑是一位难得的"反面教员"。应当承认，全书有不少与我们正统的观点相悖之处。但是，无论对历史的反思，或是对改革的设想，书中仍然有不少可供借鉴的地方。

因为述弢先生的信任，有幸最早看到译稿。今遵译者嘱，写出书中大概并若干随感，凑成小文一篇，推荐于中国读者之前。

2011年12月

编后记

"历史的记忆已经死去。"霍布斯鲍姆在他的最具影响力的著作中写道,"过去的一切,或者说那个将一个人的当代经验与前代人的经验承传相连的社会机制,如今已经完全毁灭不存。这种与过去割裂断绝的现象,可以说是20世纪末期最大也最怪异的特色之一。"

对于刚刚逝去的世纪,我们剩下的记忆是什么呢?应当如何定义这个世纪?

霍布斯鲍姆一口气列举了12位文学界和学术界人士对20世纪的不同看法。人们或者着眼于屠杀、战争、恐怖和死亡,或者着眼于科技的进步,或者着眼于第四阶级的兴起,政治革命及其他社会运动的开展,或者着眼于经济全球化,或者着眼于自由、平等、正义等等理想价值观念在各国的地位和表现；由于着眼点不同，评判的结果往往南辕而北辙。另有论者把诸多矛盾合并起来，不褒不贬，亦褒亦贬，以为这就是20世纪的本来面貌。英国音乐家梅纽因的总结很有代表性，他说："20世纪为人类激发了所能想象的最大希望，但是同时也摧毁了所有的幻想与理想。"

20世纪的中国历史是一部现代化史。回顾过去，没有任何一个时候像20世纪这样让中国与世界的联系变得如此紧密。从这时候开始，中国社会任何重大的变动，已经不可能完全离开活跃的国际因素。历史是一条大河，它有主流，有支流，它固然汹涌向前，但也有迂回、停滞以至倒退的时候。20世纪仅是其间的一个河段，因为位处下游，看起来会更开阔也更清楚。

本集子选入两篇长文，关系20世纪中国历史的两个大事件：辛亥革命和五四运动。可以说，一篇写的是政治史，另一篇涉及精神史或思想史。评述五四并不限于一时，而是一直延至九十年代，在时间上算是有一定的完整性，只是太集中于知识分子问题。

此外，还选用了一篇转述苏联解体前后情况的文章。一者所谓"苏东事件"是国际间的大事件，二者事件恰好发生在世纪末，借以结束全书，对20世纪来说似乎就有了一种段落感,虽然在体例上,与上述中国的内容有点不太相干。

2014年5月4日

图书在版编目(CIP)数据

世纪流向/林贤治著. —上海:复旦大学出版社,2014.9
(微阅读大系. 林贤治作品 4)
ISBN 978-7-309-10798-2

Ⅰ. 世… Ⅱ. 林… Ⅲ. 政治-研究-中国-民国 Ⅳ. D693

中国版本图书馆 CIP 数据核字(2014)第 142970 号

世纪流向
林贤治 著
责任编辑/李又顺

复旦大学出版社有限公司出版发行
上海市国权路 579 号 邮编:200433
网址:fupnet@fudanpress.com http://www.fudanpress.com
门市零售:86-21-65642857   团体订购:86-21-65118853
外埠邮购:86-21-65109143
浙江新华数码印务有限公司

开本 850×1168 1/32 印张 6.75 字数 108 千
2014 年 9 月第 1 版第 1 次印刷
印数 1—4 100

ISBN 978-7-309-10798-2/D·685
定价:28.00 元

如有印装质量问题,请向复旦大学出版社有限公司发行部调换。
版权所有　　侵权必究